ARBEITSBUCH

Kommunikatives Spanischlehrwerk mit handlungsorientiertem Ansatz

Ernesto Martín Peris
Pablo Martínez Gila
Neus Sans Baulenas

gente 1

Nueva Edición

Ernst Klett Sprachen GmbH
Barcelona • Budapest • London • Posen • Sofia • Stuttgart

gente
Nueva Edición

Arbeitsbuch 1

Autores:
Ernesto Martín Peris
Pablo Martínez Gila
Neus Sans Baulenas

Coordinación editorial y redacción: Montse Belver y Agustín Garmendia
Corrección: Eulàlia Mata

Diseño y dirección de arte: Ángel Viola
Maquetación: David Portillo y Claudia Foguel
Ilustraciones: Pere Virgili / Ángel Viola
Diseño de portada: Enric Font

Asesores para la versión alemana:
Equipo docente del Instituto Cervantes de Berlín, Bremen, Múnich y Viena; Dr. Susanne Schauf y Natalie Voss, Ernst Klett Sprachen; Pilar Salamanca, Difusión - Formación y Comunicación para Alemania, Austria y Suiza; Christian Wolf, Ernst Klett AG; Barbara Ceruti, Difusión - Formación y Comunicación para DAF; Thomas Wormweg.

Fotografías:
Marc Javierre: portada; Miguel Raurich: página 9 (Sevilla y Tarragona); Embajada de Colombia en España: página 93 (Bogotá).

Infografía: Pere Arriaga / Angels Soler

Material auditivo (CD y transcripciones):
Voces: Silvia Alcaide, España; Maribel Álvarez, España; José Antonio Benítez, España; Ana Cadiñanos, España; Fabián Fattore, Argentina; Laura Fernández, Cuba; Montserrat Fernández, España; Isabel Iglesias, España; Paula Lehner, Argentina; Oswaldo López, España; Gema Miralles, España; Pilar Morales, España; Pepe Navarro, España; Lola Oria, España; Kepa Paul, España: Begoña Pavón, España; Mª Carmen Rivera, España; Felix Ronda, Cuba; Rosa María Rosales, México; Amalia Sancho, España; Clara Segura, España; Víctor J. Torres, España; Lisandro Vela, Argentina; Carlos Vicente, España; Armand Villén, España.
Música: Juanjo Gutiérrez.
Grabación: Estudios 103 y CYO Studios, Barcelona.

Reimpresión: julio 2009

Alle Drucke dieser Auflage können im Unterricht nebeneinander benutzt werden, sie sind untereinander unverändert. Die letzte Zahl bezeichnet das Jahr dieses Druckes.

Internetadresse: http://www.klett-verlag.de

Druck: Tallers Gràfics Soler, S. A.
Printed in Spain.

ISBN: 978-3-12-515535-0

difusión
Centro de Investigación y Publicaciones de Idiomas, S. L.

C/Trafalgar, 10, entlo. 1ª
08010 Barcelona
Tel. (+34) 93 268 03 00
Fax (+34) 93 310 33 40
editorial@difusion.com

www.difusion.com

Das *Arbeitsbuch* stellt eine unentbehrliche Ergänzung zum *Lehrbuch* dar, denn es bietet die Möglichkeit, die dort erworbenen Kenntnisse zu festigen und zu überprüfen. Zu diesem Zweck enthält es eine Vielzahl von Übungen, die größtenteils individuell (also z. B. als Hausaufgabe) bearbeitet werden können. Sie beziehen sich jeweils auf ein bestimmtes sprachliches Phänomen (Aussprache, Grammatik, Rechtschreibung, Wortschatz etc.), das in der entsprechenden Sequenz des *Lehrbuchs* behandelt wurde.

Die neue Ausgabe des *Arbeitsbuchs* zu GENTE 1 enthält, neben den entsprechenden Übungen zu den 11 Einheiten des *Lehrbuchs*, eine **CD** mit den Hörtexten der Übungen und den Comic-Roman *Gente que lee*, der bisher in einem eigenen Band veröffentlicht wurde.

Darüber hinaus sind, ebenso wie im Lehrbuch, jene Aktivitäten, die sich an den **Europäischen Rahmenrichtlinien für den Fremdsprachenunterricht** orientieren, mit dem Symbol gekennzeichnet. Hierbei handelt es sich um Aktivitäten zur Selbsteinschätzung des Wissensstandes und zu Lernstrategien, die den Teilnehmer/innen Aufschluss über ihre Lernfortschritte geben und zu effektiveren Lernweisen anregen.

Das *Arbeitsbuch* ist mit besonderem Hinblick auf ein individuelles Arbeiten und die Entwicklung eines eigenständigen Lernens konzipiert. Zu diesem Zweck ist jede Einheit in zwei große Rubriken gegliedert.

I Im **Übungsteil** befindet sich ein umfangreiches Angebot an Übungen zur Festigung und Erweiterung des Gelernten.
Eine Inhaltsangabe gibt Auskunft darüber, welchen Inhalt die Übungen haben und welche Fähigkeiten gefordert sind (Schreiben, Lesen, Sprechen oder Hören). Auf diese Weise können die Lehrer und die Teilnehmer/innen, ihren Bedürfnissen und Interessen entsprechend, gezielt aus dem Material auswählen.
Übungen, die im Unterricht durchgeführt werden müssen, weil sie nur zu zweit oder in der Gruppe bearbeitet werden können, sind mit dem Symbol gekennzeichnet.
Die Übungen zum Hörverständnis, für die die CD beigelegt ist, sind mit dem Symbol gekennzeichnet.
Alle anderen Übungen können individuell bearbeitet werden, sei es innerhalb des Unterrichts im Wechsel mit den Aktivitäten des Lehrbuchs oder als Nachbereitung zu Hause.

II In der **Agenda**, die jeweils aus einer Doppelseite besteht, sind verschiedene Aufgaben zur Entwicklung von Lernstrategien sowie zur Kontrolle des Lernfortschritts vereint. Sie ist wiederum in drei verschiedene Teile geteilt.
Der erste enthält unter der Überschrift **Lernstrategien** Aufgaben, an denen die Lernenden den Einsatz unterschiedlicher Strategien der Sprachverarbeitung erproben können. Es schließt sich eine Reflexion über die angewandten Strategien mit Hinweisen zum besseren Lernen an.
Der zweite Teil besteht aus zwei Tabellen zur **Selbsteinschätzung**, an denen die Lerner, gegebenenfalls auch die Lehrer, die Lernfortschritte kontrollieren können.
Als drittes schließt sich ein **Lernertagebuch** an, das eine weniger gelenkte Bewertung des Lernfortschritts und eine subjektivere Beurteilung der Lerninhalte durch die Teilnehmer/innen ermöglicht. Dieses persönliche Tagebuch ist als Text mit Lücken und/oder verschiedenen Wahlmöglichkeiten angelegt, wodurch den Lernenden ein Gerüst für eigene schriftliche Äußerungen geboten wird, von dem sie sich im Laufe der Zeit immer weiter entfernen können.

Am Ende jedes Kapitels schließt sich der Comic-Roman *Gente que lee* an, der der lexikalischen und grammatischen Progression des *Lehrbuchs* GENTE 1 folgt. Er trägt dazu bei, alle dort erworbenen Kenntnisse zu festigen und zu vertiefen.

INHALT

Einheit 1 Gente que estudia español
Seiten 6-10

1 Die Zahlen von 1 bis 9
2 HV: Vor- und Nachnamen
3 HV: Zahlen von 0 bis 9
4 HV: Buchstabieren
5 Wortschatz
6 HV: Buchstabieren
7 Nützliche Fragen für den Unterricht
8 Nützliche Fragen für den Unterricht
9 HV: Frage- und Aussagesatz
10 HV: Demonstrativpronomen
11 HV: Die Aussprache von **J** und **G**: **/x/** und **/g/**
12 HV: Telefonnummern und Namen
13 Die Zahlen von 1 bis 20 Rechenaufgaben
14 Angaben zur Person
15 HV: Ländernamen, Aussprache
16 Das Subjektpronomen. Angaben zur Person
Agenda

Einheit 2 Gente con gente
Seiten 11-19

1 Beruf, Alter und Nationalität
2 Beschreibung von Personen
3 Angaben zur Person: Wortschatz
4 Hobbys und Berufe
5 **Tocar / jugar a / hacer / estudiar**
6 Angaben zur Person
7 Nationalitätsangaben: Wortschatz
8 Nationalitätsangaben: Wortschatz
9-10 HV Adjektive
11-12 HV Die Zahlen von 10 bis 100
13 Die Zahlen von 1 bis 100 Rechenaufgaben
14 Angaben zur Person erfragen: **tú/usted**
15 Verwandtschaftsbeziehungen
16 Charakter, Beruf, Familienstand, Nationalität
17-18 Die Verben auf **-ar**; die Verben **ser** und **tener**
19 HV Dialoge mit Angaben zur Person
20 Dialoge mit Angaben zur Person
21 HV Die Satzmelodie bei der Frage
22 **Mismo/a/os/as, también**
23 Personen des eigenen Landes beschreiben
24 Sich selbst beschreiben
25 Wortschatz: Charaktereigenschaften
Agenda

Einheit 3 Gente de vacaciones
Seiten 20-28

1 Reiseanzeigen. Interessen und Vorlieben
2 Vorlieben äußern: Verkehrsmittel, Jahreszeiten, Orte, etc.
3 **Gusta** oder **gustan?**
4 HV **Gusta** oder **gustan?**
5 Deine Vorlieben und Interessen
6 **Me/te/le/nos/os/les, gusta/gustan**
7 HV **Gustar, interesar, querer** und **preferir**
8 HV Die Verben **querer** und **preferir: e>ie**
9 **Está** und **hay.** Wortschatz zum Thema Stadt
10 **¿Dónde está? ¿Hay un/una...?**
11 Wortschatz zum Thema Stadt
12 HV Wie ist die Wohnung?
13 Fragen nach einer Wohnung
14 **A mí/yo. También/tampoco**
15-16 HV **A mí/yo. También/tampoco**
17 Wortschatzwiederholung
18 Geografische Lage
19 Die Monatsnamen
20 Spanische Feste
21 Test: Bist du gesellig?
22 Beschreiben und Situieren
Agenda

Einheit 4 Gente de compras
Seiten 29-40

1 Wortschatz: Geschäfte und Produkte
2 Wortschatz: Geschäfte und Produkte
3 Wortschatz: Geschäfte und Produkte
4 Das Verb **tener**
5 **Tener que**
6 HV Vorschläge für ein Geschenk machen
7 Wortschatz: Kleidung
8 HV Preise und Produkte
9 Wortschatz: Farben
10 Farben: Geschlecht und Zahl
11 HV Währungen: **el euro, el dólar...**
12 Währungen und Mengenangaben
13 Kleidung und ihre Eigenschaften
14 HV Kleidung und ihre Eigenschaften
15 Die Farben: Geschlecht und Zahl
16 **Lo/la/los/las**
17 **Lo/la/los/las**
18 Dinge beschreiben
19 **Lo/la/los/las, le/les**
20 Nach dem Preis fragen
21 HV Mengen und Zahlen
22 Das Verb **tener**
23 **Tener un/una**
24 **Este/esta/estos/estas**
25 HV **Este/esta/estos/estas**
26 **Poder** + Infinitiv. Wortschatz
27 Ein unvollständiger Brief an die Hl Drei Könige
28 **Este/esto**
Agenda

Einheit 5 Gente en forma
Seiten 41-48

1 Wortschatz: Alltagsgewohnheiten u. Gesundheit
2 Wortschatz: Alltagsgewohnheiten u. Gesundheit
3 Deine Gewohnheiten
4 HV Zwei Interviews über gesunde Gewohnheiten
5 Wortschatz: Körperteile
6 HV Wortschatz: Körperteile
7 HV Gymnastik
8 HV **¿Yo, tú, él...?**
9 Alltagsgewohnheiten
10 Unregelmäßige Verben im Präsens
11 Verben, um Alltagsgewohnheiten auszudrücken
12 HV Unterschiedliche Aussprache des R-Lautes
13 Ein Brief über das Leben im Urlaub
14 Unregelmäßige Verben im Präsens
15 Wortschatz: Gymnastik und Körperteile. **Ser bueno para...**
16 Ratschläge mit **para** und **si**
17 Ratschläge mit **tener que** und **poder**
18 **¿Muy** oder **mucho/a/os/as?**
19 Beschreibungen mit **muy, mucho/a/os/as**
20 Ein Spiel, um Vokabeln zu lernen
Agenda

Einheit 6 Gente que trabaja
Seiten 49-56

1 Wortschatz: Berufe
2 Vorlieben im Bezug auf Berufe
3 Positive und negative Aspekte einer Arbeit
4 HV Beschreibung des Arbeitsalltags
5 Stellenanzeigen und Lebenslauf
6 Lebenslauf und passende Tätigkeiten
7 Fragen in einem Vorstellungsgespräch
8 Eigenschaften und Charakter **(hacer, saber, ser...)**
9 Deine Fähigkeiten im Bezug auf Fremdsprachen
10 Was hast du heute gemacht? Das Perfekt

11 HV Präsens / Perfekt
12 HV Erfahrung im Beruf: drei Vorstellungsgespräche
13 Was haben berühmte Leute gemacht? Perfekt
14 Was haben die Personen heute gemacht? **(vosotros/ustedes)**
15 HV Auskunft über die eigenen Fähigkeiten geben
16 HV Die betonte Silbe
17 **Saber** + Infinitiv
18 Den eigenen Arbeitsplatz beschreiben
19 Partizipien
Agenda

Einheit 7 Gente que come bien
Seiten 57-64

1 **Gusta/gustan:** Vorlieben beim Essen
2 Wortschatz: Maße und Verpackungen
3 Wortschatz: Lebensmittel
4 HV Nach dem Preis fragen
5 Gespräche im Geschäft
6 Test über Ernährungsgewohnheiten
7 Häufigkeit: **nunca, a veces, a menudo...**
8 Spanische Gerichte
9 Spiel mit Wörtern
10 Zutaten der Paella
11 Vorspeise, Hauptgericht und Nachspeise
12 Dein Lieblingsessen
13 Kreuzworträtsel: Küchengeräte
14 Rezept: unpersönliche Verbform
15 Was sie heute gegessen haben
16 Wortschatz: Lebensmittel und ihre Zubereitung
17 Ein Menü zum Abnehmen
18 **Lo, la, los, las**
19 HV Gespräch im Restaurant
Agenda

Einheit 8 Gente que viaja
Seiten 65-73

1 Wortschatz: persönliche Gegenstände
2 Geschlecht der persönlichen Gegenstände
3 **Ya/todavía no** + Perfekt
4 Signalwörter (Zeitangaben)
5 Aktivitäten in Verbindung mit Reisen
6 Vervollständigen eines Lesetextes
7 HV **Ya, todavía, a punto de, entre...**
8 HV Zugfahrpläne
9 HV Dialog: Hotelreservierung
10 HV Öffnungszeiten
11 **Ya/todavía** + direktes und indirektes Objektpronomen
12 Ein Terminkalender: **ir a** + Infinitiv
13 Reisen die Spanier viel?
14 HV Regionale Unterschiede in der Aussprache
15 Dein Stundenplan
16 Der Zeitplan von Jesús. **antes de, después de, a las, por la...**
17 Fragen, Empfehlungen und Vorlieben im Bezug auf Reisen
18 Erfahrungen auf einer Reise: Perfekt
19 Interkulturelle Unterschiede
20 Ein Hotel auswählen
Agenda

Einheit 9 Gente de ciudad
Seiten 74-80

1 HV Beschreibung einer Stadt
2 Positive und negative Aspekte: **muy, bastante, demasiado...**
3 HV Dein Wohnort: ein Interview
4 Vergleich von zwei Hotels: **más... que, tanto... como, el más...**
5 Das Leben früher und heute: Vergleiche
6 HV Die bevölkerungsreichsten Länder: Einwohnerzahl
7 Dinge, die du gerne machen würdest
8 Wortschatz: die Stadt
9 Deine Stadt: **hay/no hay,** Wortschatz
10 HV Beschreibung einer Stadt
11 **Lo más..., lo mejor, lo peor...**
12 Lesetext über Bogotá
13 Spanien mit dem eigenen Land vergleichen
14 Städte beschreiben
15 HV Die Aussprache der Vokale
16 Ortsangaben machen: **donde, en el que...**
17 Die Region, in der du wohnst: interessante Orte
Agenda

Einheit 10 Gente en casa
Seiten 81-88

1 Wortschatz: Möbel
2 Wortschatz: Möbel und Gegenstände im Haus
3 Wie man jemanden vorstellt
4 HV Komplimente und wie man darauf reagiert
5 Teile der Wohnung, Vergleiche
6 Wohnungsanzeigen, Abkürzungen
7 Eine geeignete Wohnung für jemanden suchen
8 HV Anschriften
9 Nach der Anschrift fragen
10 Deine Wohnung
11 **Estar** + Gerundium
12 HV Höflichkeitsfloskeln bei einem Besuch
13 Sich am Telefon melden und Aufträge erteilen
14 HV Auf telefonische Nachrichten reagieren
15 HV **Tú/usted**
16 HV Anweisungen bestätigen, Gehörtes wiederholen
17 Imperativ mit **tú, usted, vosotros, ustedes**
18 Anweisungen mit Imperativ und **tener que**
19 Wegbeschreibung
20 HV Aussprache: **/b/** und **/v/** am Anfang und zwischen Vokalen
Agenda

Einheit 11 Gente e historias
Seiten 89-98

1 HV Ein Quiz über historische Daten: Nobelpreise, Attentate ...
2-3 Wann und unter welchen Umständen hast du ... ?
4-5-6 HV Sätze miteinander verbinden: **¿yo, tú, él...?** Indefinido und Imperfekt
7-8 HV Wie haben sie sich kennen gelernt?
9 Dein Tagebuch: was du heute, gestern und am Samstag gemacht hast
10 Angaben korrigieren: Perfekt und Indefinido
11 Fragebogen: einige Daten aus deinem Leben
12 Drei Kulturen: Imperfekt und Infinitiv
13 Zeitangaben: **ayer, anoche, anteayer...**
14-15 Veränderungen in deinem Leben und auf der Welt: Präsens und Imperfekt
16 Daten und Ereignisse verbinden: Indefinido
17 Interviews mit berühmten Personen: **cuándo, qué, cuál...**
18 Die Biografie eines Popstars ergänzen
19 Ein Quiz über historische Ereignisse
Agenda

Gente que lee
Seiten 99-128

gente que estudia español

1 Kannst du diesen Geheimcode entschlüsseln? Jeder Buchstabe steht für eine Zahl zwischen 1 und 9.

La cu es el uno.
La ______ es el ______
La ______ es el ______
La ______ es el ______
La ______ es el ______

Q + Q + Q = 3
Y + Z + J = 17
Z + Q + Y = 13
Ñ + Q + Ñ = 15
J + Q + Z = 9
Y + Y + Ñ = 25
Z + Ñ + J = 15

2 Hör zu, wie diese Namensliste vorgelesen wird, und markiere das entsprechende Kästchen.

Cobos	Castaño	Miguel	María José	José María	Flores	Aguirre	Vázquez	Isabel	Domínguez	Pujante	
											Nombre
✓											1er Apellido
											2º Apellido
											No está en la lista

3 Markiere die Zahlen, die du hörst, mit einem x.

~~2 90521~~

2 70943	2 26500	2 47658	2 00561	3 09542	3 53682
3 78023	3 56091	4 38294	4 56091	4 08210	4 47352

4 Welche Namen werden buchstabiert? Hör zu und trage die entsprechende Ziffer ein.

1 González | Hierro | Fernández | Fierro | Gonzalo | Campoy
Campos | Uranga | Rodríguez | Rodrigo | Hernández | Uriarte

5 Sieh dir die Themen auf Seite 12 im Lehrbuch an und verteile sie so auf die drei Zettel, wie es deinen Interessen entspricht (rechts, die dich am meisten interessieren, links die am wenigsten). Gibt es noch andere Themen, die dich besonders interessieren? Du kannst ein Wörterbuch zu Hilfe nehmen.

______
______
______
______
______

______
______
______
______
______

______
______
______
______
______

6 **Hör zu, wie diese Wörter buchstabiert werden, und notiere, in welcher Reihenfolge du sie hörst.**

playa 1 monumento ❑ naturaleza ❑ ciudad ❑ gente ❑ ocho ❑ fiesta ❑ política ❑

7 **Verbinde Fragen und Antworten.**

¿Cómo se dice  en español?
¿Qué significa "cantante"?
¿Cómo se escribe 15, con cu o con ca?
¿"Mapa" es masculino o femenino?
¿Cómo se escribe 5, con ce o con zeta?
¿Cómo se dice  en español?
¿"Lección" es masculino o femenino?

Con cu.
Casa.
Con ce.
Bicicleta.
Masculino.
Femenino.

8 **Sicher kennst du noch andere spanische Wörter: fiesta, adiós, mañana, señorita, amigo, paella... Schreibe auf, was sie bedeuten, so wie in diesem Beispiel.**

„Adiós" significa „Auf Wiedersehen".

Vielleicht möchtest du wissen, wie einige andere Dinge auf Spanisch heißen. Notiere deine Fragen.

¿Cómo se dice en español "to fall in love" / "sich verlieben" / ... ?

9 **Du hörst nun die Sätze von dieser Liste. Wenn es sich um eine Frage handelt, sollst du die beiden Fragezeichen ergänzen wie beim ersten Satz; wenn es sich um eine Aussage handelt, setzt du einen Punkt.**

PAÍSES

1. ¿ Esto es Chile ?
2. ___ Esto es Nicaragua ___
3. ___ Esto es México ___
4. ___ Esto es Venezuela ___
5. ___ Esto es Uruguay ___
6. ___ Esto es Panamá ___
7. ___ Esto es Ecuador ___
8. ___ Esto es Cuba ___

PERSONAS

9. ___ Este es el rey Juan Carlos ___
10. ___ Este es Picasso ___
11. ___ Esta es Carmen Maura ___
12. ___ Esta es Gloria Estefan ___
13. ___ Este es Salvador Allende ___
14. ___ Esta es Rigoberta Menchú ___
15. ___ Este es Plácido Domingo ___

10 **Hör zu, wie ein Mädchen einem Freund ihre Urlaubsfotos zeigt. Auf welches von beiden Fotos bezieht sie sich jeweils? Achte auf este, esta, estos, estas und esto.**

1

2

3

4

5

6

11 In dieser Lektion hast du die Namen der spanischsprachigen Länder kennen gelernt. Du hast auch spanische Vor- und Nachnamen gesehen. Jetzt wirst du einige Namen lesen und hören. Ergänze die fehlenden Buchstaben.

1. Jaime	6. Guinea	11. Ar __ __ ntina	16. __ __ rcía
2. Gerardo	7. Guerra	12. __ __ mez	17. Para__ __ ay
3. Gil	8. González	13. __ __ vier	18. __ __ la
4. José	9. Guatemala	14. __ __ __ vara	19. __ __ árez
5. Juan	10. Gargallo	15. __ __ adalajara	20. Ara__ __ n

Unterstreiche nun die Wörter, in denen der Laut /x/ (wie in **Bach**) vorkommt, und kreise die Wörter ein, in denen der Laut /g/ (wie in **G**arten) vorkommt.

12 Du hörst nun fünf Personen, die bei der Telefonauskunft nach einer Nummer fragen. Notiere die Telefonnummern der folgenden Personen.

1. Pedro Pérez Martín ____________
2. Marcos Martínez Paz ____________
3. Mario Mas Pérez ____________
4. Milagros Martín Martín ____________
5. Paula Mínguez Peralta ____________

13 Bist du gut im Rechnen?

Cinco más cuatro menos dos, siete.

Cinco + cuatro – dos = siete
Ocho + tres – siete = ______
Nueve + ______ – tres = ocho
______ + dos – cuatro = seis
Cuatro – ______ + cinco = ocho
Tres + dos + ______ = ocho
Cinco + siete – ______ = tres

14 In diesem Dialog fehlen die Antworten. Kreuze die jeweils passende an. Schreibe zwei ähnliche Dialoge. Im ersten soll die Person Juana Arguedas heißen, im zweiten kannst du dir einen spanisch klingenden Namen ausdenken.

• ¿Cómo te llamas?
○ ____________ ☐ Salvador. ☒ Salvador Villa.

• ¿Salvador es tu nombre o tu apellido?
○ ____________ ☐ Es el nombre. ☐ Es el apellido.

• ¿Y cómo se escribe, con be o con uve?
○ ____________ ☐ Se escribe con uve. ☐ Se escribe con be.

• ¿Y Villa?
○ ____________ ☐ También con uve. ☐ También con be.

• ¿Cuál es tu número de teléfono?
○ ____________ ☐ Es el 948 29 35 46. ☐ Mi número de teléfono es el 948 29 35 46.
• Muy bien. Gracias.

15 In diesen Ländernamen fehlen die Vokale (**a, e, i, o, u**). Kannst du sie ergänzen? Die CD hilft dir dabei. Hör noch einmal die CD, um dein Ergebnis zu überprüfen. Sprich danach die Ländernamen laut vor dich hin und achte dabei besonders auf die Aussprache der Vokale.

1. G U A T E M A L A	4. __ R __ G __ __ Y	7. P __ __ RT__ R__ C __
2. N__ C __ R __ G __ __	5. M __ X __ C __	8. __ L S __ LV __ D __ R
3. P __ R __ G __ __ Y	6. P__ R __	9. __ C __ __ D __ R

16 Ergänze die passenden Formen von **ser** und **llamarse** sowie – dort, wo es nötig ist – die Personalpronomen.

1. • Yo soy brasileño, ¿y vosotros?
○ Yo soy argentino, y ella, italiana.

2. • ¿Los señores Durán?
○ Sí, ______ nosotros.
• ¿Sus nombres, por favor?
○ Yo me ______ Eva, y ______ , Pedro.

3. • ¿Pablo Castellón?
○ Soy ______.

4. • Perdón, ¿Juan María Fuster?
○ ______ él.
■ Sí, ______ yo.

5. • ¿Y cómo ______ llamas?
○ Alberto, ¿y tú?
• ______ , Elisa.

6. • Ustedes ______ los señores Ribas, ¿verdad?
○ Sí, y ______ , Esmeralda Antón, ¿no?

Lernstrategien

17 Diese Substantive sind im Lehrbuch schon vorgekommen.

☐ ___ playa	☐ ___ comida	☐ ___ negocio
☐ ___ país	☐ ___ tradición	☐ ___ mundo
☐ ___ monumento	☐ ___ política	☐ ___ cultura
☐ ___ ciudad	☐ ___ paisaje	☐ ___ fiesta

Schreibe vor jedes Substantiv
- ein M, wenn es männlich ist,
- ein W, wenn es weiblich ist.
Schreibe anschließend auch den Artikel davor. Zum Schluss setzt du die Artikel und Substantive in den Plural und schreibst sie in dein Heft.

18 Sieh dir die folgenden Wörter an. Sie sind neu, du kennst sie noch nicht, aber das spielt keine Rolle. Kannst du aufgrund ihres Aussehens sagen, ob sie männlich oder weiblich sind? Schreibe den entsprechenden Artikel davor.

___ mesa	___ calle	___ tren
___ cantidad	___ medicina	___ café
___ escuela	___ teléfono	___ madre
___ juego	___ doctor	___ libro
___ suerte	___ siesta	___ autor
___ televisión	___ avión	___ señor
___ universidad	___ canción	___ profesor

Nimm ein Wörterbuch oder das alphabetische Wörterverzeichnis im Lehrbuch zu Hilfe und überprüfe, ob deine Vermutung richtig war. Jetzt kannst du eine vorläufige Regel aufstellen.

Wörter mit der Endung	sind in der Regel M (männlich)	W (weiblich)	können M oder W sein
- o			
- a			
- ción, -sión			
- dad			
- e			
- or			

In den letzten Übungen hast du Phänomene der spanischen Sprache genau beobachtet und dabei eine Regel selbst aufgestellt. Wenn du diese Srategie des entdeckenden Lernens öfter anwendest, lernst du besser und schneller, denn wir behalten am besten das, was wir selbst herausgefunden haben.

PORTFOLIO

Selbsteinschätzung

Im Allgemeinen:				
Meine Mitarbeit ...				
Meine Fortschritte ...				
Meine Schwierigkeiten ...				

Und im Einzelnen:					
Grammatik					
Wortschatz					
Aussprache und Betonung					
Leseverstehen					
Hörverstehen					
Schreiben					
Landeskunde					

Lernertagebuch

Nach diesen vier Lektionen kann ich über das Spanische in der Welt und mein Interesse am Spanischen sprechen; ich weiß nun, wie spanische Vor- und Nachnamen klingen. Außerdem kann ich ____________, ____________ und ____________. Am interessantesten waren für mich die Übungen ____________ und ____________, am wenigsten interessant, die Übungen ____________ und ____________. Ich glaube, dass ich noch mehr Übungen brauche, um (Zahlen / Grammatik / Buchstabieren / ...) ____________ zu üben.

gente con gente

1 Suche dir zwei der Personen von Seite 20 und 21 aus dem Lehrbuch aus und notiere deine Vermutungen über ihren Beruf, ihr Alter und ihre Nationalität.

Creo que ____________ es ____________ y que ____.
También creo que ____.

Creo que____________ es ____________ y que ____.
También creo que ____.

Erinnerst du dich an den Gebrauch der Personalpronomen (Grammatikübersicht Seite 125 im Lehrbuch)? Hier wird das Pronomen „yo" nicht benutzt, weil dieser Text nur für dich bestimmt ist.

2 Nimm die Informationen der Seiten 22 und 23 im Lehrbuch zu Hilfe und notiere in den drei leeren Feldern die Namen der beschriebenen Personen.

____________	____________	____________
Estudia en la Universidad. No es divorciada. Hace deporte. No toca el piano.	No es soltera. Trabaja en casa. No es nada pedante. Es mayor. No baila flamenco.	No está casado. Toca un instrumento musical que no es la batería. No es español. No es nada antipático.

3 Diese beiden Personenbeschreibungen sind unvollständig. Ergänze sie mit den angegebenen Begriffen. Danach kannst du auf Seite 23 im Lehrbuch nachsehen, ob du es richtig gemacht hast.

trabajadora, colecciona, argentino, periodista, española, fotógrafo, cariñoso, estudia, tenis

BEATRIZ SALAS GALLARDO
Es ____________.
Es ____________.
Juega al ________ y ________ inglés.
Es muy ________.

JORGE ROSENBERG
Es ____________.
Es ____________.
____________ sellos.
Es muy ________.

4 Schau die Seiten 22 und 23 im Lehrbuch an. Wähle zwei Häuser aus und...

- lies die Texte, die zu den beiden Häusern gehören.
- schau die Bilder dieser Häuser an und versuche dich an alles zu erinnern, was du über die Bewohner weißt, ohne den Text zu Hilfe zu nehmen.
- schließe das Buch: An welche ihrer Hobbys kannst du dich erinnern? Schreibe sie auf.

Du kannst nun dasselbe Spiel mit zwei anderen Häusern machen. Statt der Hobbys kannst du diesmal die Berufe aufschreiben.

5 Suche nun auf denselben Seiten im Lehrbuch Tätigkeiten, die in Verbindung mit den folgenden Verben stehen:

Toca...	Juega a...	Hace...	Estudia..

Kannst du noch andere Wörter hinzufügen? Sicher möchtest du wissen, wie deine Hobbys auf Spanisch heißen. Nimm ein Wörterbuch zu Hilfe.

6 **Denk an zwei Personen aus deinem Bekanntenkreis (Verwandte, Freunde, Kollegen, Nachbarn) und fülle die beiden leeren Zettel wie im vorgegebenen Beispiel aus.**

PORTFOLIO

NOMBRE: María
APELLIDOS: Jover Pino
ESTADO CIVIL: soltera
EDAD: 31
PROFESIÓN: trabaja en una empresa de informática
AFICIONES: fotografía, teatro
CARÁCTER: muy inteligente y muy activa
RELACIÓN CONTIGO: vecina

NOMBRE: ______
APELLIDOS: ______
ESTADO CIVIL: ______
EDAD: ______
PROFESIÓN: ______
______
AFICIONES: ______
CARÁCTER: ______
RELACIÓN CONTIGO: ______

NOMBRE: ______
APELLIDOS: ______
ESTADO CIVIL: ______
EDAD: ______
PROFESIÓN: ______
______
AFICIONES: ______
CARÁCTER: ______
RELACIÓN CONTIGO: ______

Frage nun eine/n andere/n Kursteilnehmer/in nach den Angaben auf seinen/ihren beiden Zetteln und mache Notizen, denn du sollst danach
– dem Rest der Gruppe erklären, wer diese beiden Personen sind,
– eine kurze schriftliche Beschreibung verfassen.

● ¿Cómo se llama?
○ María.
● ¿Es una amiga?
○ No, es una vecina.
● ¿Y cuántos años tiene?
○ 31.
● ¿Está casada?
○ No, soltera.
● ¿A qué se dedica?
○ Trabaja en una empresa de informática.
● ¿Y cómo es?

7 **Woher stammen diese Berühmtheiten? Wenn du es nicht weißt, kannst du die Nationalität raten. Gemeinsam werden wir nachher sehen, wer die meisten richtigen Antworten hat.**

Jacques Brel: belga
Pierre y Marie Curie: ______
Juan Carlos Ferrero: ______
Vladimir Putin: ______
Johan Cruyff: ______
Steffi Graf: ______
Akira Kurosawa: ______
Ian Thorpe: ______
Shakira: ______
Lula da Silva: ______
Venus y Serena Williams: ______
Los Rolling Stones: ______
David Beckham: ______
Dolce & Gabanna: ______
Nelson Mandela: ______

8 **Ein Gedächtnis-Spiel: Wie viele europäische Nationalitäten kannst du aufschreiben, ohne ins Buch zu schauen? Notiere sie in alphabetischer Reihenfolge. Schreibe nun alle diese Nationalitäten in der weiblichen Pluralform auf.**

9 **Von wem ist auf der CD die Rede? Achte auf die Endungen der Adjektive und trage sie an der richtigen Stelle ein. Achtung: einige passen zu mehreren Personen.**

① Juan es
______
______
______

② Carolina es
activa, ______
______
______

③ Luis y Blanca son
______
______
______

④ Carolina y Carmen son
______
______
______

⑤ Pablo y Javi son
______
______
______

10 Trage die Adjektive aus der vorherigen Übung – nach ihren Endungen geordnet – in diese Tabelle ein.
Ergänze anschließend die übrigen Formen der Adjektive.

masculino singular	femenino singular	masculino plural	femenino plural
-o	**-a**	**-os**	**-as**
activo	activa	activos	activas
______	______	______	______
-or	**-ora**	**-ores**	**-oras**
______	______	______	______
______	______	______	______
-e		**-es**	
______		______	
______		______	
-ista		**-istas**	
______		______	
______		______	

11 Lies diese Zahlen laut vor. Höre nun einige Gespräche und kreuze die fünf Zahlen an, die du hörst.

❑ 24 ❑ 25 ❑ 35 ❑ 42 ❑ 49 ❑ 52 ❑ 58 ❑ 74 ❑ 85 ❑ 92 ❑ 93 ❑ 94

12 Kreuze auf diesem Lottoschein 8 Zahlen an und schreibe sie in Worten daneben, damit du sie nicht vergisst.
Anschließend hörst du die Gewinnzahlen von der CD. Viel Glück!

Mis números son...

______
______
______
______
______
______

13 Kombiniere die Zahlen jeder Gruppe so zu einer Rechenaufgabe, dass das angegebene Ergebnis herauskommt.
Du kannst **más** (+), **menos** (-), **por** (x) und **entre** (:) verwenden. Schreibe deine Aufgaben auf.

8 x 10 : 2 = 40

Ocho por diez entre dos igual a cuarenta.

8 2 10 = 40

65 20 7 = 52

18 19 30 = 24

3 42 26 = 100

75 3 15 = 40

14 **Wie lauten die passenden Fragen zu diesen Antworten?**

Tú	Usted	
• ______________	• ______________	❍ Javier Odriozola.
• ______________	• ______________	❍ 42.
• ______________	• ______________	❍ En una escuela de idiomas.
• ______________	• ______________	❍ Soy profesor.
• ______________	• ______________	❍ Andaluz, de Granada.

15 **Hier findest du einige Angaben über eine Familie. Kannst du ihren Stammbaum rekonstruieren?**

– Elisa tiene tres hijos, dos hijos y una hija. También tiene cinco nietos.

– El abuelo se llama Tomás.

– Mario tiene dos hijos, un hijo y una hija.

– La mujer de Carlos se llama Teresa.

– Candela es la mujer de Mario.

– Ana no tiene hijos.

– El hijo de Candela es Jaime.

– La hermana de Jaime es Gala.

– Las niñas de Teresa se llaman Inés, Berta y Susana.

– El cuñado de Carlos se llama Luis.

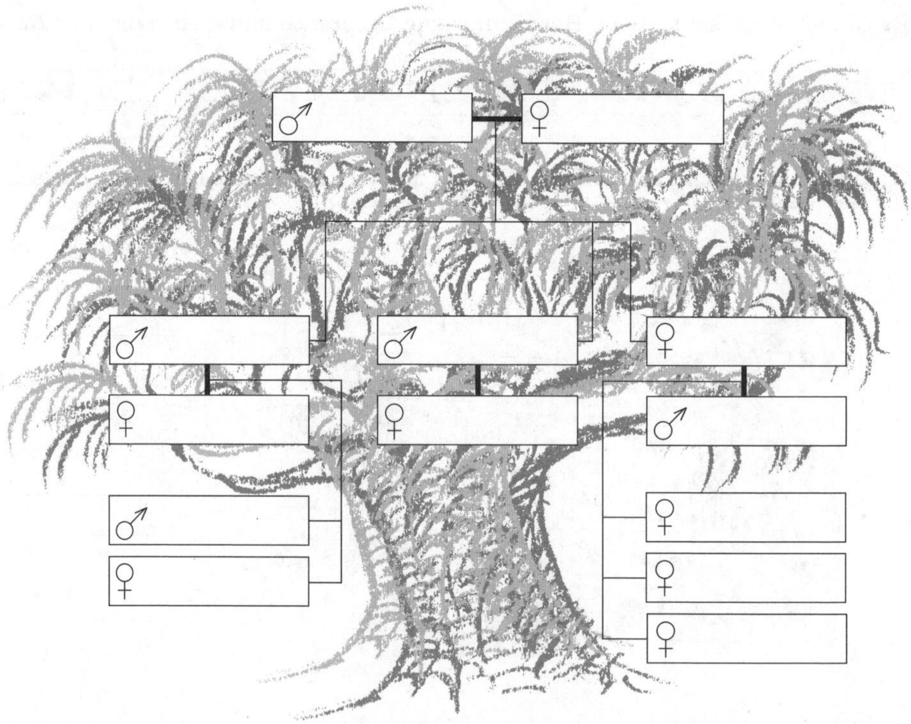

16 **Welches Wort in jeder Reihe passt nicht zu den anderen? Warum? Es gibt verschiedene Kriterien.**

a. Soltera, casada, cariñosa, viuda, separada.
b. Camarero, periodista, pintor, ama de casa, flamenco.
c. Amigo, vecino, estudiante, colega.
d. Chilena, italiana, francesa, noruega, irlandesa.
e. Madre, sueca, padre, hermano, abuelo.
f. Inteligente, amable, simpático, sociable, pedante.

17 **Kannst du diesen Personen helfen sich vorzustellen? Dazu musst du aus den nachstehenden Angaben die passenden auswählen, sie in die erste Person umformen und in die entsprechenden Sprechblasen schreiben.**

- son novios
- habla español y catalán
- está jubilada
- estudian arquitectura
- tiene 40 años
- habla español y un poco de inglés
- tiene 68 años
- habla español, inglés y francés
- trabaja en un banco
- son de Granada pero estudian en Sevilla
- tiene 23 años
- se llaman Pepe y Celia
- se llama Julián y vive en Burgos
- se llama Eulalia
- vive en Barcelona, pero es de Zaragoza
- se llama Lolita y vive en Madrid

18 **Schreibe in diese Tabelle die Verbformen, die du in der vorigen Übung verwendet hast, und ergänze die fehlenden Formen.**

	SER	ESTUDIAR	HABLAR	LLAMARSE
yo				
tú				
él, ella, usted				
nosotros/as				
vosotros/as				
ellos, ellas, ustedes				

Kannst du nun etwas über dich und deine Familie schreiben?

Mi padre... *Mi madre...* *Mi hermano/a...* *Mis tíos...* *Y yo...*

19 **Von der CD hörst du sechs Fragen. Entscheide, welche der beiden Antworten jeweils die richtige ist, und kreuze sie an.**

a) ❑ No, yo soy periodista.
❑ Sí, trabaja en el banco.

b) ❑ Sí, inglés y francés.
❑ Sí, estudiamos idiomas.

c) ❑ Me llamo Laura, ¿y tú?
❑ Laura.

d) ❑ Estudio en la Universidad.
❑ Es biólogo.

e) ❑ Carla, de Segovia, y yo, de Ávila.
❑ María, de Ávila y Carla, de Segovia.

f) ❑ Sí. Ana, biología y yo, física.
❑ No, es camarero en un bar.

20 **Wie lauten die Fragen zu den folgenden Antworten?**

1. • ______________________
○ No, Magdalena es bióloga y yo soy periodista.

2. • ______________________
○ ¿Carlos? 30 o 32.

3. • ______________________
○ Mi padre, Antonio y mi madre, Carmen.

4. • ______________________
○ No, ¿y usted?

5. • ______________________
○ Bueno, yo hablo un poco de inglés y Marta habla inglés y alemán.

21 **Achte auf die Satzmelodie und kreuze an, was du hörst.**

1. ❑ a) Se llama Raquel.
❑ b) ¿Se llama Raquel?

2. ❑ a) Es de Málaga.
❑ b) ¿Es de Málaga?

3. ❑ a) Tiene 18 años.
❑ b) ¿Tiene 18 años?

4. ❑ a) Trabaja en un banco.
❑ b) ¿Trabaja en un banco?

5. ❑ a) Vive en la Plaza Mayor.
❑ b) ¿Vive en la Plaza Mayor?

6. ❑ a) Son italianos.
❑ b) ¿Son italianos?

Hör noch einmal zu und wiederhole die Sätze mit der richtigen Betonung.

22 **Sage in zehn Sätzen, was die sechs Personen auf dieser und der folgenden Seite gemeinsam haben.**

Ignacio es aficionado al tenis y Elvira, también.
Juanjo e Ignacio hablan los mismos idiomas.

____

____

____

____

____

____

____

____

____

MARIBEL

19 años
tenis, música, viajes
español, inglés, francés
BURGOS

LAURA

26 años
música, leer
español e inglés
BURGOS

JUANJO

19 años
motos y viajes
español e italiano
VALENCIA

RAÚL

26 años
música
español, inglés, francés
OVIEDO

ELVIRA

39 años
tenis, música
francés y español
OVIEDO

IGNACIO

39 años
tenis
español e italiano
VALENCIA

23 **Im Unterricht hast du geschrieben, wie die Spanier deiner Ansicht nach sind. Nun kannst du Adjektive auflisten, um deine Landsleute zu beschreiben. Anschließend schreibst du einen kleinen Text.**

Los alemanes somos muy...

24 **Kannst du nun dich selbst beschreiben? Am besten füllst du ein Formular wie dieses aus. Dein/e Kursleiter/in sammelt die Formulare ein und verteilt sie in der Gruppe. Ein/e Teilnehmer/in liest das Formular vor, das er/sie erhalten hat, die anderen raten, von wem es stammt.**

PORTFOLIO

EDAD:
Tengo ______ años.

ESTADO CIVIL:
Soy
- ☐ soltero/a.
- ☐ casado/a.
- ☐ viudo/a.
- ☐ divorciado/a.

CARÁCTER:
Soy muy ______________.
Soy bastante ______________.
Soy un poco ______________.
No soy nada ______________.

IDIOMAS:
Hablo ______________.

AFICIONES: ______________
______________.

25 **Stell dir vor, du sollst dir eine/n Kollegen/in aussuchen. Wie bewertest du die angegebenen Eigenschaften? Kreuze in der Tabelle die entsprechenden Felder an. Da in den verschiedenen Kulturen die Eigenschaften von Personen nicht immer gleich bewertet werden, ist es sicher interessant, das Ergebnis mit den anderen im Kurs zu vergleichen und zu sehen, wie sie diese Eigenschaften bewerten.**

Yo creo que ser simpático es muy importante.

simpático/a						✓
serio/a						
sociable						
travieso/a						
inteligente						
trabajador/a						
perezoso/a						
amable						
pedante						
alegre						
callado/a						
tímido/a						
independiente						
pesimista						
optimista						

PORTFOLIO

Lernstrategien

Ergänze diese Grafik mit Wörtern, die du in dieser Sequenz gelernt hast.

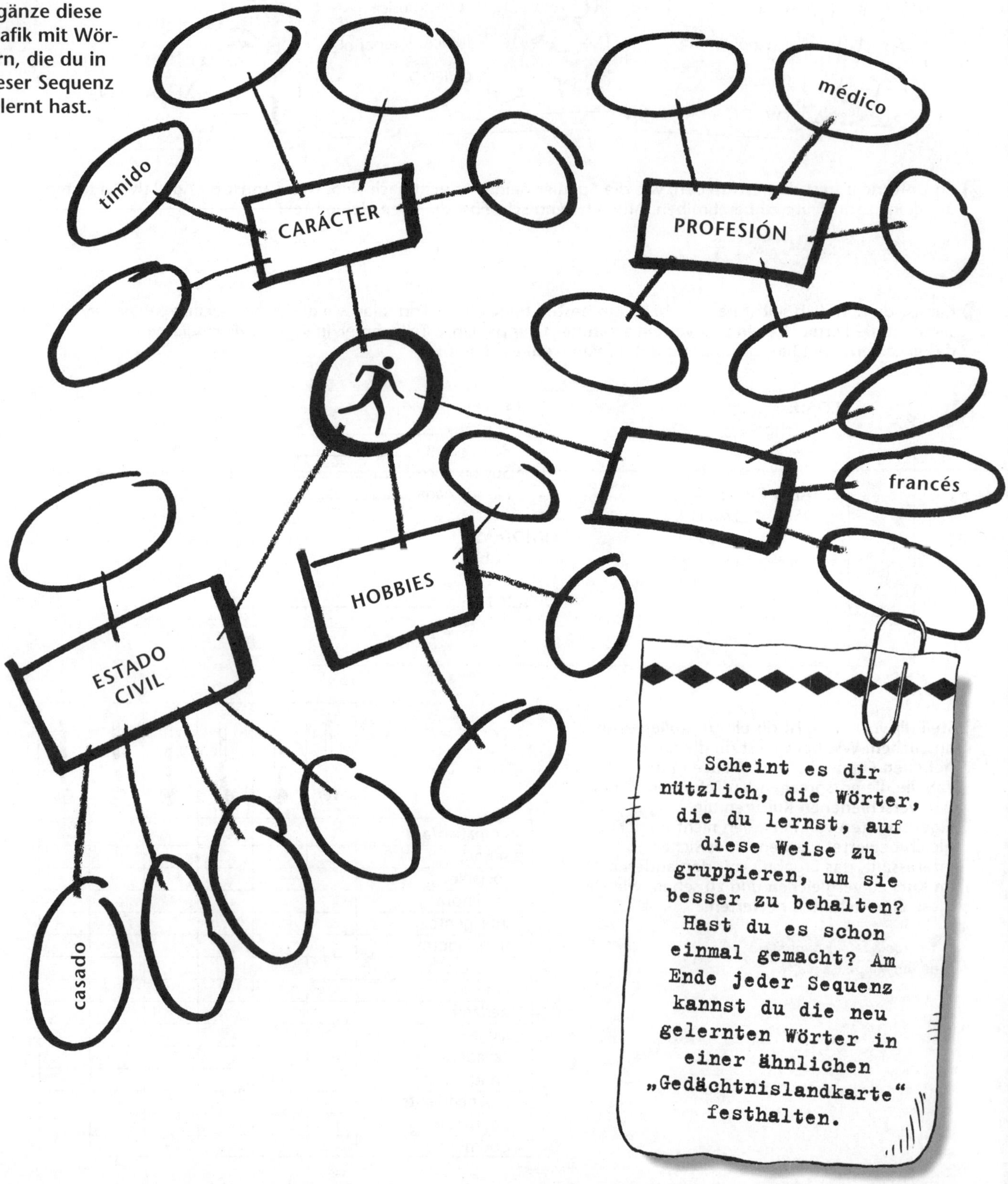

Scheint es dir nützlich, die Wörter, die du lernst, auf diese Weise zu gruppieren, um sie besser zu behalten? Hast du es schon einmal gemacht? Am Ende jeder Sequenz kannst du die neu gelernten Wörter in einer ähnlichen „Gedächtnislandkarte" festhalten.

PORTFOLIO

Selbsteinschätzung

Im Allgemeinen:

Meine Mitarbeit ...				
Meine Fortschritte ...				
Meine Schwierigkeiten ...				

Und im Einzelnen:

Grammatik					
Wortschatz					
Aussprache und Betonung					
Leseverstehen					
Hörverstehen					
Schreiben					
Landeskunde					

Lernertagebuch

Die Sektionen in GENTE CON GENTE sind (sehr / ziemlich / nicht so sehr) ____________ interessant. Am leichtesten ist für mich ____________ und am schwierigsten ist ____________. Jetzt kann ich die Zahlen bis 100 (gut / einigermaßen / mit Schwierigkeiten) ____________ verstehen. Sie zu sprechen fällt mir (leicht / ein bisschen schwer / sehr schwer) ____________. Ich kann die Nationalität der Europäer verstehen und benennen. Außerdem kann ich ____________ und ____________. Ich glaube, dass ich ____________ und ____________ noch mehr üben sollte.

gente de vacaciones

1 Sieh dir diese beiden Anzeigen für Urlaubsreisen an. Für welche der beiden Reisen könnten sich diese Personen interessieren?

OFERTAS DE VIAJES
MARISOL

GRANDES CAPITALES DE EUROPA
Londres, París y Roma
15 días

Ida y vuelta en avión desde Madrid o Barcelona
Desplazamientos en autobús y tren
Hoteles de 3 y 4 estrellas
Guías especializados

¡VEN A LA MONTAÑA!

Una semana en contacto con la naturaleza
Albergues de montaña y cámpings
Excursiones en bicicleta
Precios especiales para familias

RAQUEL
A mí me gustan la tranquilidad y el sol. No me gustan los viajes organizados, en autocar y con guías.

ENCARNA
Yo prefiero conocer países nuevos, conocer gente, ciudades y visitar monumentos.

CRISTINA
Nosotros queremos ir de vacaciones con nuestros hijos, pero este año no tenemos mucho dinero.

FRANCISCO
Yo quiero viajar al extranjero. Me interesan las culturas diferentes, el arte y todo eso.

MIGUEL
A mí me gustan los viajes con todo organizado: los hoteles, el avión, todo. No tengo tiempo para organizarlo yo.

2 Welche Art von Urlaub bevorzugen diese Leute?

3 Gusta oder gustan?

- Me _________ muchísimo vivir en el centro.
- ○ ¿Sí? A mí me _________ más los barrios tranquilos.

- ¿Quieres ir en moto? ¿Vamos a dar un paseo?
- ○ ¡Huy! No, gracias. A mí me _________ más andar.

- ¿Te _________ la comida mexicana?
- ○ Sí, muchísimo.

- A mí, las playas con mucha gente no me _________ nada.
- ○ A mí tampoco, la verdad.

- ¿Te _________ Madrid?
- ○ Bueno, es que en general las ciudades grandes no me _________ mucho.

4 **Worüber sprechen die Personen in diesen kurzen Dialogen? Kreuze jeweils den zutreffenden Begriff an.**

1. ❑ a) unas fotos de las vacaciones
   ❑ b) una moto nueva
2. ❑ a) una novela
   ❑ b) unos poemas
3. ❑ a) unas canciones
   ❑ b) un disco de música clásica
4. ❑ a) un coche
   ❑ b) unos chicos
5. ❑ a) una exposición de pintura
   ❑ b) unas casas

5 **Was hältst du von folgenden Dingen? Schreibe deine Meinung auf und verwende dazu me interesa(n), no me interesa(n), me encanta(n), me gusta(n) mucho, no me gusta(n) nada.**

viajar en moto	leer poesía	las discotecas	la televisión	aprender idiomas
los restaurantes chinos	jugar al rugby	trabajar	la historia de España	las playas desiertas
la política	el cine americano	el jazz	Bach y Vivaldi	la música pop

6 **Verbinde.**

A mis hermanos	me gusta mucho	las canciones de Pablo Milanés.
A mí	te gusta	viajar en coche, ¿verdad?
A Carlos	no le gustan mucho	la música clásica.
A María y a ti	nos encantan	los viajes organizados.
A Carmen y a mí	os gustan	las novelas de Cortázar, ¿verdad?
A ti	no les gusta nada	la pintura de Dalí.

7 **Du hörst nun den Anfang von vier Sätzen. Suche für jeden von ihnen unter den folgenden Satz-Enden das passende aus.**

... porque nos interesa mucho Hispanoamérica.
1 prefiero viajar con mis amigos.
... prefiero viajar en coche o en tren.
... porque me gusta mucho la naturaleza y andar.
... preferimos ir a la playa unos días en verano.
... no me gusta nada ir con mi familia.

8 **Du hörst verschiedene Gespräche. Kannst du sie den Bildern zuordnen?**

Hör dir die sechs Gespräche anschließend noch einmal an und versuche alle Formen von querer und preferir zu notieren, die du gehört hast.

	QUERER	PREFERIR
yo		
tú		
él, ella, usted		
nosotros/as		
vosotros/as		
ellos, ellas, ustedes		

Unterstreiche nun die Formen, in denen aus e ⟶ ie wird.

9 Sind die Aussagen über diesen Ort richtig (R) oder falsch (F) ?

	R	F
1. La estación está en la plaza de España.	☒	☐
2. Hay dos farmacias en el pueblo.	☐	☒
3. Hay un hotel en la avenida de la Constitución.	☐	☐
4. La iglesia y el ayuntamiento están en la plaza de España.	☒	☐
5. La farmacia está en la calle Mayor.	☒	☒
6. La caja de ahorros y el teatro están en el parque.	☐	☒
7. El cine está al lado de la piscina.	☐	☒
8. El polideportivo está muy cerca de la piscina, al lado.	☒	☐
9. Hay un supermercado cerca de la escuela.	☒	☐
10. El campo de fútbol está en la calle Mayor.	☐	☒

Korrigiere nun die falschen Sätze.

La farmacia no está en la calle mayor.

10 Kannst du in diesen Fragen hay oder está ergänzen und den Besuchern des Ortes Auskunft geben?

- Perdone, ¿dónde está la oficina de Correos?
- ○ (pl. España) En la plaza de España.

- ¿ _______ una farmacia por aquí?
- ○ (parque) ______________________________

- ¿ _______ hotel en este pueblo?
- ○ (avda. Constitución) ______________________________

- ¿Dónde _______ el banco, por favor?
- ○ (no/caja de ahorros/avda. Constitución) ______________

- Perdone, ¿ _______ una agencia de viajes en el pueblo?
- ○ (no) ______________________________

- ¿ _______ un cámping en el pueblo?
- ○ (piscina) ______________________________

02.

16 10 – 19 ...

auen

...in Wörterbuch oder das Lehrbuch zu Hilfe.

...A

5 COSAS QUE FALTAN EN MI BARRIO

En mi barrio no hay:

1. ____________________
2. ____________________
3. ____________________
4. ____________________
5. ____________________

⓬ Eine Person, die sich für diese Wohnung in Teneriffa interessiert, ruft im Reisebüro an, um sich genauer zu erkundigen. Hör dir das Gespräch an und markiere die zutreffenden Informationen.

El apartamento está...

- ☒ cerca de la playa.
- ☒ cerca de un campo de golf.
- ☐ lejos del aeropuerto.
- ☒ cerca de la ciudad de Sta. Cruz. (al norte)
- ☒ en una zona muy tranquila.

En los apartamentos hay...

- ☒ aire acondicionado.
- ☒ teléfono.
- ☒ televisión. (antena)
- ☐ cinco habitaciones.
- ☒ parking.
- ☒ piscina.
- ☒ pistas de tenis.

SOL, MAR Y TRANQUILIDAD

Ocasión: apartamento muy barato en Tenerife. 1-15 de agosto. Para 5 personas. Muy cerca de la playa. Viajes Solimar. Tlf. 944 197 654

⓭ Interessiert dich diese Wohnung? Warum? Welche Fragen möchtest du noch an das Reisebüro stellen?

⓮ Mit diesen Formen kann man Einverständnis und Widerspruch ausdrücken.

yo también · yo tampoco · a mí sí · a mí no · yo no · a mí también · yo sí · a mí tampoco

Wo passen sie als Reaktion auf die folgenden Aussagen?

- ● Quiero conocer Andalucía.
- ○ Yo también.
- ■ ____________________

- ● No tengo vacaciones en agosto.
- ○ ____________________
- ■ ____________________

- ● Me gusta muchísimo el teatro.
- ○ ____________________
- ■ ____________________

- ● No me interesa nada el golf.
- ○ ____________________
- ■ ____________________

15 Du hörst jetzt acht Aussagen. Wie lautet die jeweils passende Antwort? Trage den entsprechenden Buchstaben ein.

a) A mí también. b) A mí tampoco. c) Yo también. d) Yo tampoco.

1. ☐ 2. ☐ 3. ☐ 4. ☐ 5. ☐ 6. ☐ 7. ☐ 8. ☐

16 Hör noch einmal die CD und notiere das dritte Wort aus jedem Satz.

1. ________ 2. ________ 3. ________ 4. ________
5. ________ 6. ________ 7. ________ 8. ________

17 Ergänze diese Wörtersammlung mit den neuen Wörtern, die du in dieser Sequenz gelernt hast.

PORTFOLIO

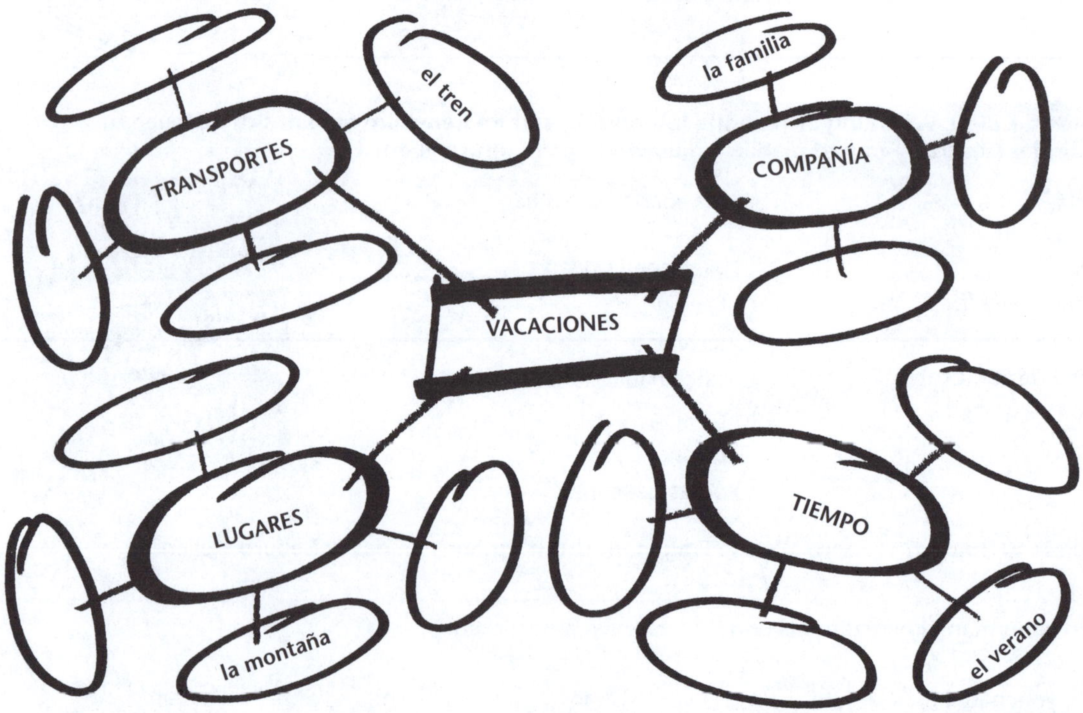

18 Schau dir die Landkarte von Südamerika auf Seite 39 im Lehrbuch an und versuche herauszufinden, wovon in diesen Sätzen die Rede ist.

1. Son unas islas que están al Sureste de Argentina: ________
2. Es un lago que está al Oeste de La Paz: ________
3. Es la capital del Perú y está al Noroeste del país: ________
4. Es un río que pasa por el Norte de Argentina: ________

Kannst du nun folgende Orte beschreiben?

a. Machu Picchu: ________
b. Amazonas: ________
c. Córdoba: ________
d. San Vicente: ________

26 Kannst du in diesem Text die Daten ... ganzen? Schreibe die Monatsnamen aus.

En España, como en todos los países, hay muchas fechas importantes. Son fiestas religiosas, aniversarios de acontecimientos históricos o, simplemente, fiestas locales. Hay fiestas de origen religioso, como la Asunción de Nuestra Señora, 15 de agosto, el día del apóstol Santiago –el 25 de julio– o el día de Todos los Santos, que es el 1 de noviembre. Son fiesta, como en muchos países, el uno de Mayo, día del Trabajo, el 25 de deciembre, Navidad, o el día de Año Nuevo: el 1 de enero. Hay celebraciones históricas: el 6 de deciembre es el día de la Constitución, una fecha muy importante en la historia política contemporánea de nuestro país (la constitución democrática después de la dictadura de Franco). Y el día de la Hispanidad, 12 de octubre, que es el aniversario de la llegada de Colón a América. También hay fiestas locales muy populares: el 7 de julio son los famosos San Fermines de Pamplona, en Navarra; el ~~15~~ 23 de abril es Sant Jordi, una fiesta importante en Cataluña: es el día de la rosa y del libro. El 15 de Mayo es la Fiesta Mayor de Madrid. Y en San José, el 19 de Marzo, en Valencia se queman las Fallas.

Welches sind die wichtigsten Gedenk- und Feiertage in deinem Land? Schreibe sie mit den Monatsnamen auf.

21 Beantworte die Fragen aus dem Test. Beim Lesen der Ergebnisse kannst du die Adjektive nachschlagen, die du in der Sequenz *GENTE CON GENTE* gelernt hast.

¿ERES SOCIABLE?

1. Cuando voy de vacaciones me gusta...

- ☒ a. ir solo/a o con mi novio/a. Ni amigos, ni familia.
- ☐ b. ir con la familia o los amigos, pero también solo/a o con mi novio/a. Depende.
- ☐ c. ir con un grupo grande de amigos o con toda la familia.

2. Y cuando estoy en el lugar elegido...

- ☒ a. me interesa más visitar los museos, ir a la playa o pasear.
- ☐ b. me gusta descansar pero también conocer las costumbres del lugar.
- ☐ c. me encanta hablar con la gente para conocer sus costumbres y sus tradiciones.

3. Me gusta viajar...

- ☐ a. en mi coche o en mi moto.
- ☒ b. en coche, en tren, en avión o en autobús.
- ☐ c. en autoestop para conocer gente nueva.

4. Para estudiar o trabajar prefiero...

- ☒ a. estar solo/a en casa, con mi música y mis cosas.
- ☐ b. generalmente solo/a, pero estudiar con gente también es divertido.
- ☐ c. no me gusta nada trabajar solo/a: prefiero estar con amigos para estudiar o trabajar bien.

5. Y ahora, sinceramente: ¿Eres...

- ☐ a. serio/a, callado/a, tímido/a y perezoso/a para hablar con la gente?
- ☒ b. un poco tímido/a pero activo/a y sociable?
- ☐ c. muy simpático/a, sociable y cariñoso/a?

Mayoría de respuestas a. No eres sociable, claro, pero eres muy independiente. Una pregunta: ¿no te aburres un poco?
Mayoría de respuestas b. Eres una persona muy normal. Eres sociable, abierto/a y seguramente tienes muchos y buenos amigos.
Mayoría de respuestas c. ¡Enhorabuena! Tú no tienes problemas para conocer gente: donde quieres y cuando quieres. Eres muy, muy sociable... ¿demasiado?

22 Sieh dir diese Karte der Fantasie-Insel „Barnabi" genau an und trage die untenstehenden Begriffe an der passenden Stelle ein.

ciudad	montaña	pueblo	río	puerto
mar	playa	hotel	cámping	aeropuerto

Was weißt du nun über diese Insel? Notiere sieben weitere Informationen.

1. Hay un río que está al Sur de la montaña, cerca del pueblo.

____

____

____

____

____

____

Du siehst: die Situation und deine Erfahrung mit Dingen oder Menschen erlauben es dir, Vermutungen anzustellen über das, was du hören oder lesen wirst. Diese Vermutungen helfen dir beim Verstehen, sowohl im Unterricht als auch im täglichen Leben.

Jetzt kannst du hören, was Tere und Rodolfo über ihren Urlaub sagen. Bestätigt sich deine Vermutung?

Autoevaluación

PORTFOLIO

En general:				
Mi participación en clase				
Mi trabajo en casa				
Mis progresos en español				
Mis dificultades				

Y en particular:					
Gramática					
Vocabulario					
Fonética y pronunciación					
Lectura					
Audición					
Escritura					
Cultura					

Diario personal

(Me gusta mucho / No me gusta) hablar con mis compañeros de las vacaciones. (Es / no es) muy interesante conocer sus gustos y preferencias. Ahora yo puedo hablar de mis vacaciones (muy bien / bien / regular / con problemas) y puedo describir qué hay en mi ciudad y en mi barrio (muy bien / bien / regular / con problemas). Me gusta(n) mucho la(s) actividad(es) ____________________ porque ____________________, pero no me gusta(n) mucho la(s) actividad(es) ____________________ porque ____________________. Entiendo (muy bien / bien / con dificultad) la diferencia entre está/n y hay. Y puedo hablar de mis gustos y preferencias con los verbos gustar y preferir (muy bien / bien / con dificultad).

desodorante
aspirinas
dos periódicos:
Le Monde y *El País*
un secador de pelo

TIENE QUE IR A...

sobres
un ramo de flores
dos botellas de vino
pelotas de tenis
una corbata

TIENE QUE IR A...

dos revistas:
Marie-Claire y *Hola*
unas postales
espuma de afeitar
una cafetera

TIENE QUE IR A...

2 Wo kannst du folgende Dinge kaufen? Schreib die Läden auf wie im angegebenen Beispiel.

Las flores, en la floristería.

3 Denk an sechs Dinge, die du in den letzten zwei Wochen gekauft hast. In welchen Läden von „Gentishop" (Lehrbuch S. 40/41) kann man sie kaufen?

4 Vervollständige die Sätze mit der passenden Form von tener.

- Oye, Jaime, ¿________ cámara de fotos?
- ○ Yo no, pero mi mujer ________ una.

- ¿Cuántos años ________?
- ○ Yo ________ veintidós, y Gloria, veinte.

- Los padres de Javier ________ muchísimo dinero:________ dos casas en la playa y un coche deportivo carísimo.
- ○ ¿En serio?

- ¿Celia y tú ________ hijos?
- ○ Sí, ________ dos niñas, Ana y Bea.

5 **Notiere fünf Dinge, die du normalerweise in der Woche tun musst, und fünf, die Bekannte von dir tun müssen. Verwende dabei tengo que bzw. tiene que.**

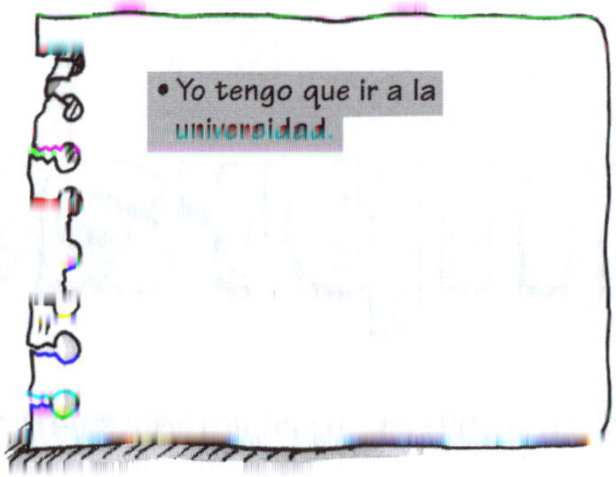

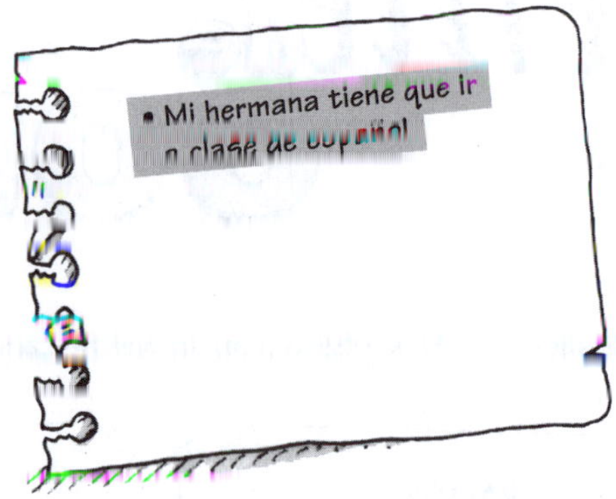

6 **Erstelle in der linken Spalte eine Liste mit den Personen, denen du ein Geschenk machen möchtest. Hör dir anschließend die Vorschläge von der Kassette an und sage, was du davon hältst.**

1. mi hermana	No, un pañuelo de seda, no. Mejor un libro de arte, que le gustan mucho.
2. ______	______
3. ______	______
4. ______	______
5. ______	______
6. ______	______

7 **Erinnerst du dich, wie diese Kleidungsstücke heißen?**

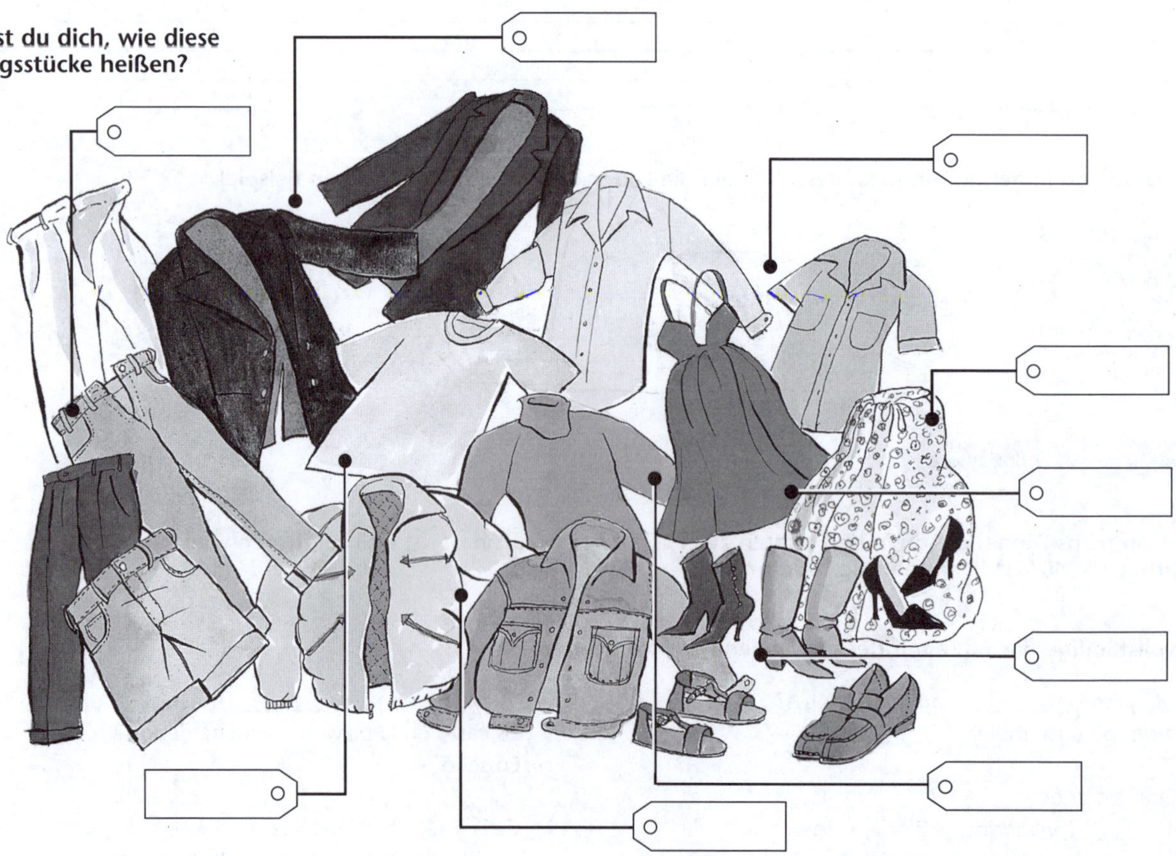

9 **Welche Dinge fallen dir zu jeder Farbe ein? Du kannst ein Wörterbuch zu Hilfe nehmen.**

PORTFOLIO ★★★

cosas azules
el mar,
unos vaqueros...

cosas negras

cosas verdes

cosas marrones

cosas amarillas

cosas rojas

cosas rosas

cosas blancas

10 Erinnerst du dich an die Adjektive aus der Sequenz GENTE CON GENTE? Schreibe nun die Farben (im Singular und Plural) an die passende Stelle der Tabelle.

masculino singular	femenino singular	masculino plural	femenino plural
-o rojo	-a roja	-os rojos	-as rojas
-e		-es	
-a		~~-as~~	
-consonante (-l, -n, -s)		-consonante + es (-**les**, -**nes**, -**ses**)	

11 Hier sind die Namen verschiedener Währungen. Notiere sie in der entsprechenden Spalte.

yen	rupia
euro	rublo
dólar	real
peso	dírham
libra	corona

MÄNNLICH	WEIBLICH
el yen	la libra

12 Eine internationale Reisegruppe braucht Euros. Jeder der Reisenden hat seine eigene Währung dabei. Kannst du ihnen helfen auszurechnen, wie viele Euros die folgenden Summen wert sind? Schreibe die Zahlen aus.

a. Mil dírhams. noventa y tres euros con veinte céntimos.

b. Cien reales brasileños ....

c. Diez mil rupias indias ....

d. Diez dólares norteamericanos ....

e. Mil pesos mexicanos ....

f. Cien rublos rusos ....

g. Cien libras esterlinas ....

h. Mil yenes japoneses ....

i. Diez francos suizos ....

j. Cien dólares australianos ....

k. Cien coronas danesas ....

l. Diez dólares canadienses ....

Divisas

1 dírham Marruecos	0,0932
1 real Brasil	0,27
1 rupia India	0,019
1 dólar Estados Unidos	0,92
1 peso México	0,085
1 rublo Rusia	0,030
1 libra Reino Unido	1,4
1 yen Japón	0,0077
1 franco Suiza	0,68
1 dólar Australia	0,54
1 corona Dinamarca	0,13
1 dolar Canadá	0,62

⓮ Dies sind einige Freunde von Javier. Hör zu, wie er sie beschreibt, und notiere ihre Namen.

1. ____________________
2. ____________________
3. ____________________
4. ____________________

15 Hör dir Javiers Beschreibung noch einmal an und ergänze im Text die fehlenden Farben.

Mira, el que lleva una chaqueta __________ y unos pantalones __________ es Alejandro, mi mejor amigo; y la chica que lleva un vestido largo y unos zapatos de tacón es Lucía, su novia. Es muy simpática, pero un poco rara. Rosa es la de la falda __________ y el jersey __________. Normalmente lleva siempre pantalones, pero ese día se puso falda. Y la última es Lola. Es la que lleva un vestido y un abrigo __________. Es guapa, ¿verdad?

16 Schau dir diese Dialoge an. So spricht man nicht, oder? Normalerweise verwendet man **lo**, **la**, **los**, **las**, um Wiederholungen zu vermeiden.

- ¿Dónde tienes el coche?
- Tengo el coche en casa. → Lo tengo en casa.

- ¿Necesitas la moto este fin de semana?
- Sí, necesito la moto el sábado para ir a una fiesta. → __________

- ¿Quién puede traer las cervezas?
- Yo puedo traer las cervezas. → __________

- ¿Dónde compras el vino? Es muy bueno.
- Pues siempre compro el vino en la bodega de Gentishop. → __________

17 Von welchen der Dinge auf dem Zettel ist hier die Rede? Trage die passende Zahl ein.

1. Lo puedes comprar en una joyería.
2. Los comes en las fiestas y son de nata, de chocolate, etc.
3. Los necesitas para ir a trabajar, para ir a clase...
4. La gente la compra normalmente en el supermercado.
5. Las puedes leer en casa, en el autobús, en la peluquería...
6. La usas para pagar, pero no es dinero.
7. Normalmente lo llevan las mujeres y no es una falda.
8. Las puedes comer en un restaurante o en casa.

Están hablando de...

1 reloj	☐ zapatos	☐ tarjeta de crédito	☐ vestido
☐ revistas	☐ pasteles	☐ comida	☐ pizzas

18 Suche dir fünf Objekte aus dieser Lektion aus und beschreibe sie mit Hilfe von **lo, la, los, las.** Im Unterricht liest du deine Beschreibung vor und die anderen raten, worauf du dich beziehst.

○ Bueno, pues __ compramos *unas gafas.*
¿ __ compras tú?
○ Vale.

○ Hombre, depende...

⓴ Frag nach dem Preis für folgende Dinge. Achte dabei auf cuesta/cuestan und este/a/os/as.

● ¿Cuánto cuestan estos pantalones?
○ 205 euros.

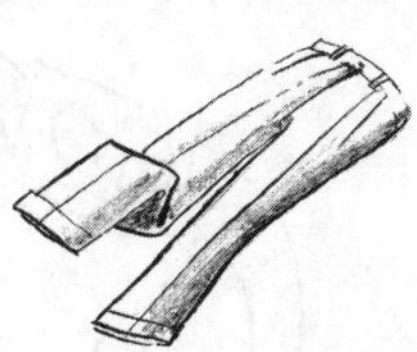

● ______________________________
○ 84 euros.

● ______________________________
○ 60 céntimos.

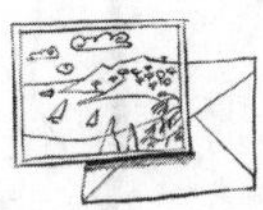

● ______________________________
○ 1600 euros.

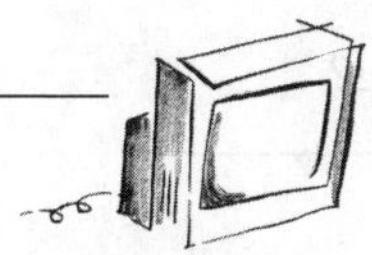

● ______________________________
○ 3 euros.

● ______________________________
○ 19 euros.

● ______________________________
○ 24 euros

● ______________________________
○ 16 euros.

Welche dieser Dinge erscheinen dir teuer oder billig? Schreib es auf.
Du kannst dabei un poco, bastante, muy, demasiado verwenden.

Los pantalones son muy caros.

21 „Gentilandia" ist ein Fantasieland mit wenigen Einwohnern. Seine offizielle Währung ist der „Pesito".
Hör dir diese Informationen über „Gentilandia" an und unterstreiche die Zahlen, die du hörst.

444 000	20 000	50 600	3,55	200 000
11 000	650 000	6000	3500	325 000

Hör nochmals die Kassette. Kannst du danach die Fragen beantworten?

1. ¿Cuántos kilómetros cuadrados tiene Gentilandia?
2. ¿Cuántas mujeres viven en este país?
3. ¿Cuánto cuesta una cerveza en un bar?
4. ¿Cuánto puede costar comer en un restaurante?
5. ¿Cuál es el número de teléfono de la Oficina de Turismo?

22 **Beachte, wie man auf diese Art von Fragen antworten kann. Und was hast du?**

● *¿Tienes coche?*
○ *No, no tengo.*
■ *Sí, tengo un Seat Toledo.*

1. ¿Tienes ordenador? ______________________
2. ¿Tienes cámara de vídeo? ______________________
3. ¿Tienes moto? ______________________
4. ¿Tienes cámara de fotos? ______________________
5. ¿Tienes piano? ______________________
6. ¿Tienes coche? ______________________
7. ¿Tienes guitarra? ______________________
8. ¿Tienes esquís? ______________________

23 **Antworte so wie im Beispielsatz.**

● *¿Tienes ordenador?*
○ *Sí, sí que tengo.*
No, pero quiero comprarme uno.

1. ● ¿Necesitas gafas de sol?
○ ______________________

2. ● ¿Tienes bicicleta?
○ ______________________

3. ● ¿Te traigo unos patines?
○ ______________________

4. ● ¿Tienes cámara de vídeo?
○ ______________________

5. ● ¿Necesitas paraguas?
○ ______________________

6. ● ¿Tienes moto?
○ ______________________

7. ● ¿Necesitas botas de esquiar?
○ ______________________

8. ● ¿Tienes teléfono móvil?
○ ______________________

Geschäft und kreuze an, wovon jeweils die Rede ist.

1. ☐ una americana
☐ un pañuelo

2. ☐ un reloj
☐ unas pilas

3. ☐ una revista
☐ unas cintas de vídeo

4. ☐ un perfume
☐ unos calcetines

5. ☐ unas flores
☐ unos pasteles

6. ☐ una guitarra
☐ un disco de jazz

7. ☐ una novela
☐ un reloj

8. ☐ una botella de leche
☐ un paquete de café

9. ☐ unos zapatos
☐ una cámara de fotos

10. ☐ una cafetera
☐ unas pelotas de tenis

26 **Einige Personen bereiten die Geburtstagsfeier eines Freundes vor. Ergänze die passenden Formen von poder und die Wörter aus dem grauen Feld.**

platos de plástico	bebidas	regalo	servilletas	comida	tarta de cumpleaños

● Yo __________ traer los __________.
○ ¿Y __________ (tú) traer las __________ también?

● Carlos y Verónica ________ preparar la _______. Cocinan muy bien.

● Nosotras tres __________ comprar el _______ en Gentishop.

● ¿Quién __________ comprar las __________?
○ Yo mismo. A ver..., coca-colas, cervezas, vino...

● Oye, ¿Javier y tú __________ hacer una __________?
○ De chocolate, por ejemplo.
■ Vale, sí, __________ hacerla nosotros.

27 Lies diesen Brief an die Heiligen Drei Könige. In jeder Zeile fehlt ein Wort. Markiere die Stelle, an der es fehlt und schreibe das Wort neben den Brief.

Queridos Reyes: este año quiero mí — para
un tren eléctrico, un coche teledirigido — ____
(tengo pero no funciona) y un disco de — ____
los Beatles. Me gustan mucho, y mi — ____
madre encantan también. Bueno, para — ____
mi padre un whisky escoces y una — ____
corbata. Y a los abuelos podéis traer — ____
una radio nueva. Necesitan para — ____
escuchar el fútbol y los seriales. Ah, y — ____
para mí también una bici. Quiero roja, — ____
grande (tengo 7 años) bonita. — ____

Gracias.

28 Du musst ein Geschenk kaufen. Du schwankst jeweils zwischen den beiden abgebildeten Dingen.

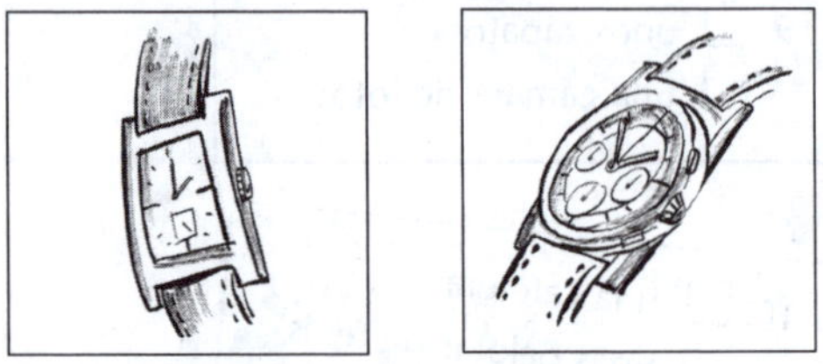

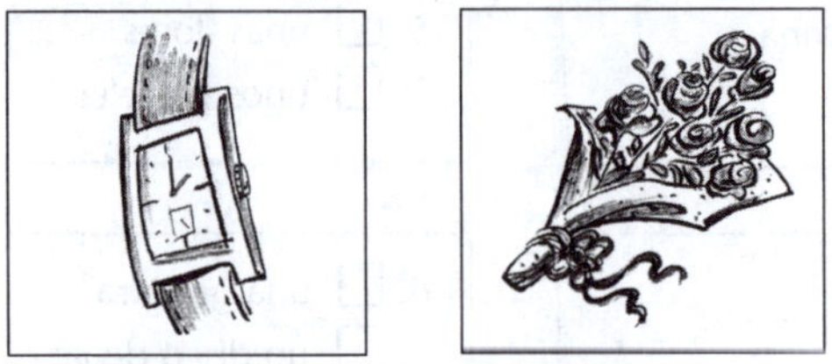

¿Cuál compramos, este o este?

¿Qué compramos, esto o esto?

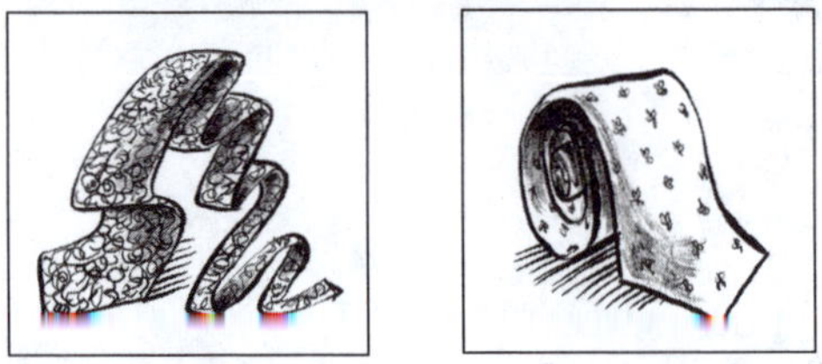

____

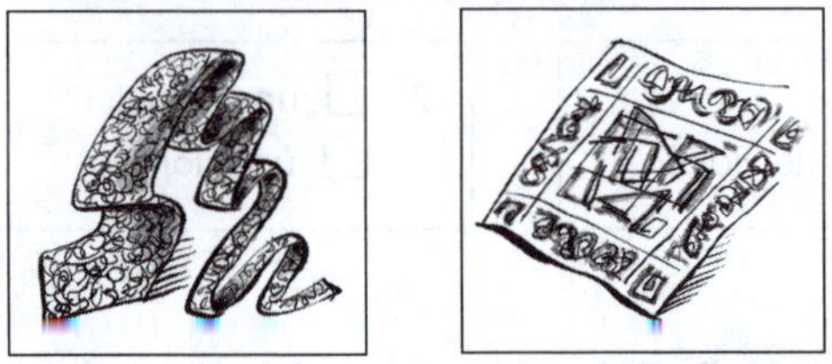

____

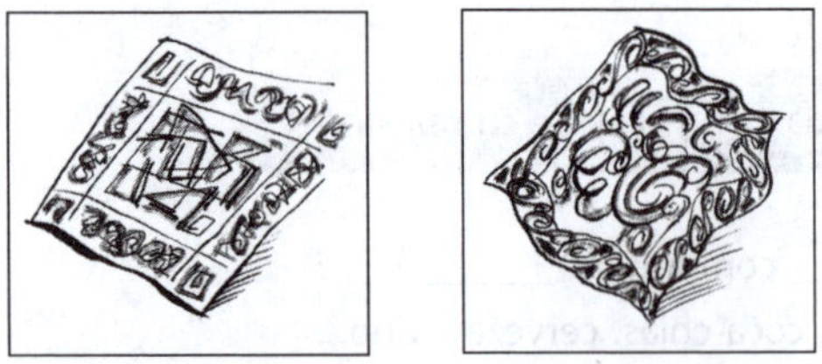

____

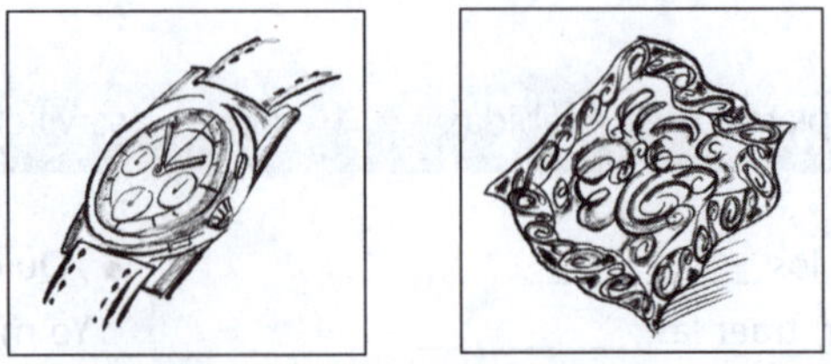

____

____

____

☐ los pasteles ☐ los cosméticos ☐ el periódico

Markiere mit = die Wörter, die in deiner Sprache eine ähnliche Bedeutung haben, und mit ≠ die „falschen Freunde". Du kannst auch andere Wörter aus dieser Lektion oder aus früheren mit diesen Zeichen hinzufügen. So behalten die meisten Leute leichter das neu gelernte Vokabular.

30 Du hast auch einige Verben gelernt: regalar, necesitar, comprar...

Wir können feststellen, indem wir in Verbindung mit einem Verb nach verschiedenen Dingen fragen, wie das Verb funktioniert, d.h. ob es ein direktes oder indirektes Objekt haben kann (oder haben muss):

¿Qué? *(wen oder was?)* weist auf ein direktes Objekt (Akkusativ) hin.
¿A quién? *(wem?)* weist auf ein indirektes Objekt (Dativ) hin.

regalar	¿Quién regala?	Una persona.
	Wer schenkt?	*Eine Person. (Subjekt)*
	¿Qué regala esa persona?	Una cosa.
	Was schenkt diese Person?	*Eine Sache. (Akkusativ)*
	¿A quién regala la persona esa cosa?	A otra persona.
	Wem schenkt die Person diese Sache?	*Einer anderen Person. (Dativ)*
necesitar	¿Quién necesita?	Una persona.
	Wer benötigt?	*Eine Person. (Subjekt)*
	¿Qué necesita esa persona?	Una cosa./A otra persona.
	Was benötigt diese Person?	*Eine Sache./Eine andere Person. (Akkusativ)*

Kennst du andere Verben, die wie regalar funktionieren?
Und wie necesitar?

Es kann vorkommen, dass ein Verb im Spanischen mit einem anderen Objekt verbunden wird als im Deutschen. Daher ist es wichtig, neben der Bedeutung eines Verbs auch zu lernen, mit welchen Objekten es stehen kann oder muss.

Autoevaluación

En general:				
Mi participación en clase...				
Mis progresos en español...				
Mis dificultades...				

Y en particular:					
Gramática					
Vocabulario					
Fonética y pronunciación					
Lectura					
Audición					
Escritura					
Cultura					

Diario personal

La unidad GENTE DE COMPRAS es (muy / bastante) __________ interesante, especialmente la secuencia de Mundos en contacto, donde se habla de __________ y de __________. En mi país las costumbres son (iguales / semejantes / muy diferentes) __________. Los nombres de las tiendas que vemos en las páginas 40 y 41 (también) son (iguales que / parecidos a / muy diferentes de) __________ los españoles. Por otra parte, es una unidad muy interesante porque ahora puedo hablar de regalos y precios. También puedo __________. Para mí, lo más difícil en esta unidad es __________.

Hace mucho deporte.	Hace yoga.
Toma demasiado café.	Come muchos dulces.
Fuma demasiado.	Anda bastante.
No fuma.	Va en bici.

2

3

❷ Schreibe die folgenden Substantive neben das passende Verb.

pescado	alcohol
agua	fruta
medicamentos	cerveza
carne	café
deporte	té
gimnasia	azúcar
verduras	yoga
chocolate	dulces
fibra	

COMER: ______________________________

____

BEBER: ______________________________

____

TOMAR: ______________________________

____

HACER: ______________________________

____

❸ Und welche der Dinge aus Übung 2 machst du? Schreib sie auf. Du kannst mucho/a/os/as, bastante/s, poco/a/os/as, demasiado/a/os/as... verwenden.

No hago mucho deporte.

4 **Du hörst zwei Personen, die für eine Radiosendung Fragen beantworten. Was machen die beiden? Kreuze an.**

	LA SEÑORA	EL SEÑOR
Anda mucho: una hora diaria.		✓
Fuma y toma café.		
Juega al tenis.		
No toma café.		
Come mucha fruta.		
Juega al golf		
Come mucha verdura.		
Toma mucha fibra.		

5 **Weißt du noch, wie diese Körperteile heißen? Du kannst in den Texten auf Seite 52 / 53 im Lehrbuch nachsehen.**

6 **Du hörst nun die Radiosendung „Todos en forma". Markiere auf der Zeichnung der vorigen Übung, welche Körperteile genannt werden.**

7 **Hör noch einmal die CD und gib an, zu welcher Zeichnung die dort vorgestellten Übungen passen.**

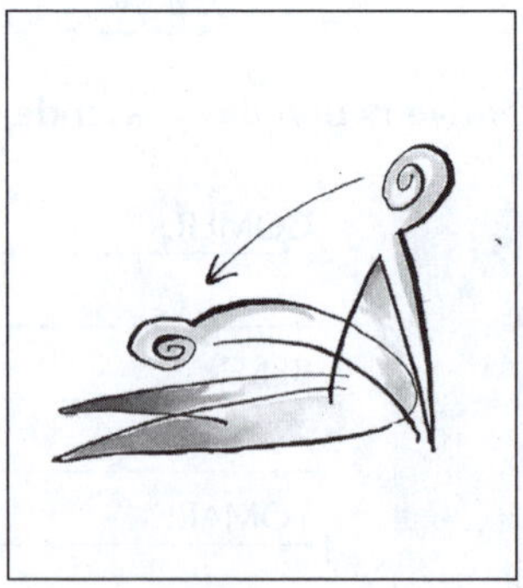

8 **Du hörst nun acht Sätze. Kreuze an, auf welche grammatische Person sich jeder Satz bezieht.**

	1	2	3	4	5	6	7	8
yo								
tú								
él, ella, usted								
nosotros/as								
vosotros/as	✓							
ellos, ellas, ustedes								

Da un paseo todos los días y **se acuesta** a las once.
Tiene dos hijos y seis nietos.

2. Los fines de semana **va** a un club de jazz.
Cada día **escribe** un correo electrónico a su novia, que es alemana.
No **hace** mucho deporte, pero a veces va al gimnasio.

Duerme siempre más de ocho horas.
Por la tarde **estudia** en casa y **ve** la tele.

4. **Quieren** comprar un coche, pero ahora no tienen dinero.
Comen siempre juntos en casa: él **cocina** muy bien.
Piensan demasiado en el trabajo.

⑩ Sieh dir nun die fett gedruckten Verbformen an und notiere den jeweiligen Infinitiv.

⑪ Ergänze die Dialoge mit der richtigen Form der angegebenen Verben. Jedes Verb darf nur einmal vorkommen!

ir levantarse empezar acostarse tener hacer preferir ducharse bañarse ver

1. ● ¿A qué hora ________________ vosotros normalmente?
   ○ Yo a las ocho u ocho y media, pero María a las siete y media porque __________ clase en la Universidad a las nueve.

2. ● Mi hermano Carlos __________ a las diez o diez y media de la noche.
   ○ ¿Y por qué tan pronto?
   ● Pues porque __________ a trabajar a las seis de la mañana.

3. ● Y tú, Marta, ¿qué _________ normalmente en vacaciones?
   ○ Bueno, nada especial, mi marido y yo __________ al apartamento de mis padres en Benidorm.

4. ● ¿Qué ___________, ducharte o bañarte?
   ○ Bueno, pues normalmente _____________, pero a veces, especialmente los fines de semana, ______________.

5. ● ¿Y tus hijos __________ mucho la televisión?
   ○ ¡Uf! Muchísimo, dos o tres horas cada día

⑫ Hör dir diese Wörter an und achte darauf, wie r und rr ausgesprochen werden. Hörst du, dass die Zunge einmal oder mehrere Male vibriert?

carne deporte raqueta beber verdura cintura querer aburro
dormir dinero regular horario Roma Rodríguez

13 **Arturo beschreibt in diesem Brief einen ganz normalen Tag in seinem Urlaub.**

PORTFOLIO

Querida amiga:
¿Qué tal? ¿Cómo van las vacaciones?
Te escribo desde Marazuela, un pueblo muy pequeño de Castilla-La Mancha; ya sabes, el pueblo de mis padres. Estoy aquí de vacaciones con la familia. Es un lugar muy bonito pero no muy animado. Ideal para descansar y luchar contra el estrés: todas las mañanas voy a hacer la compra con mi madre al mercado y después vamos todos a la piscina municipal. Comemos siempre en casa y después duermo unas siestas maravillosas. Y luego, doy un paseo por el pueblo, tomo una cerveza con algún viejo amigo, juego a las cartas con mis hermanos o voy al cine. Como ves, no hago nada especial. Bueno, no todo es tan aburrido: algunos días hacemos excursiones por el campo (los alrededores son preciosos). Y a veces nos bañamos en un río que está muy cerca. La verdad es que me aburro un poco. ¿Quieres venir tú unos días aquí a aburrirte conmigo? ¡Aburrirse es muy bueno contra el estrés!

Un montón de besos,
Arturo

Trage die Verbformen aus dem Brief in die folgende Tabelle ein und ergänze die fehlenden Formen.

		aburrirse	querer			hacer	dar		
yo								tomo	
tú				duermes					
él, ella,usted			quiere		juega				va
nosotros/as									
vosotros/as	os bañáis								
ellos, ellas, ustedes						hacen	dan		

14 **Kannst du nun eine Regel formulieren, wie das Präsens der spanischen Verben gebildet wird? Nimm die Tabelle der vorigen Übung zu Hilfe.**

PORTFOLIO

En español hay tres grupos de verbos: los acabados en **-AR,** en **-ER** y en **-IR**.
Muchos son regulares (**hablar, comer,** _________) pero también hay irregulares:

– Verbos con vocal **e** que se transforma en _____ en las formas de **yo, tú, él/ella** y _________. Por ejemplo: **querer,** __________,...
– Verbos con vocal **o** o **u** que se transforma en ____ en las formas de ___, ___, ______ y ___________. Por ejemplo: __________, ____________,...
– Verbos con la forma **yo** irregular. Por ejemplo: **hacer,** _______,...

15 **Für welche Körperteile sind folgende Aktivitäten günstig? Schreib es dann auf.**

montar en bicicleta →	las piernas
nadar	los brazos
jugar al ajedrez	la espalda
dar un paseo	la cintura
bailar	el corazón
jugar al golf	la mente
jugar al tenis	la circulación
	todo el cuerpo

Montar en bicicleta es bueno para las piernas...

- Necesito un ordenador, pero estoy mal de dinero para comprarlo.
- ○ ____

- Mi suegra es viuda y está siempre en mi casa. ¡No tengo vida privada!
- ○ ____

- Quiero aprender español, pero ahora no puedo ir a España.
- ○ ____

18 **Ergänze die Sätze mit: muy, mucho, mucha, muchos oder muchas. Wie glaubst du sehen David und Paula aus? Du kannst sie zeichnen oder passende Fotos von ihnen in einer Zeitschrift suchen.**

PAULA:	DAVID:
Hace _________ deporte.	Trabaja _________ horas al día.
Es _________ simpática.	No tiene _________ tiempo libre.
Tiene _________ amigos.	Conoce a _________ gente importante.
Está _________ delgada.	Viaja _________ al extranjero.
No come _________.	Bebe _________ cerveza.
_________ fines de semana se va al campo.	Tiene una casa _________ grande.
Lee _________ libros de poesía.	No duerme _________.

19 **Das ist Gloria an ihrem Schreibtisch. Formuliere fünf Sätze über sie und verwende dabei muy, mucho, mucha, muchos, muchas.**

20 **In der Sequenz *GENTE EN FORMA* kommen viele neue Vokabeln vor. Suche fünf Wörter aus, die dir wichtig erscheinen, und notiere auch ihre deutsche Übersetzung.**

Lernstrategien

21 **Auf den Seiten 56 und 57 im Lehrbuch hast du diese Textstücke gelesen. Hier wurden nun einige Wörter daraus weggelassen. Wenn du sie so liest, wie sie jetzt sind, stellst du fest, dass du die fehlenden Wörter problemlos verstehen kannst, nicht wahr? Versuch es, ohne auf der folgenden Seite nachzuschauen!**

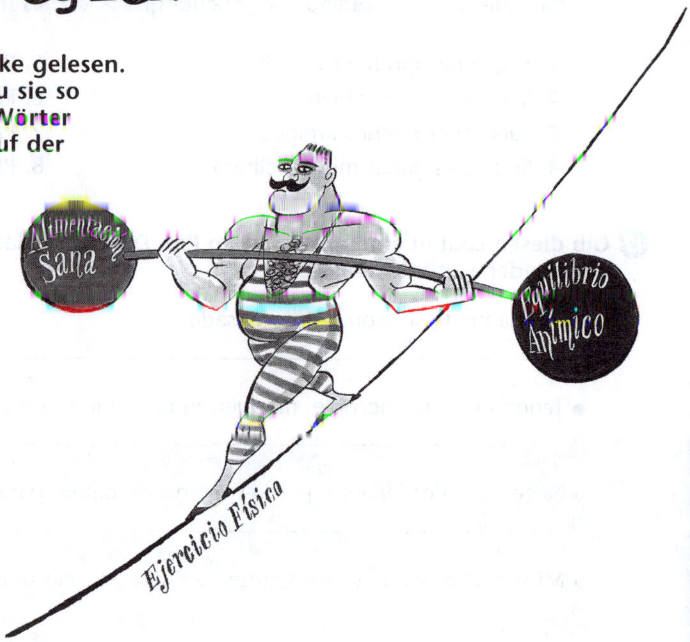

EL EQUILIBRIO ANÍMICO

(...) unos hábitos regulares xxxxxxxxxxx también una buena ayuda: acostarse y levantarse cada día a la xxxxxxxxxx hora, y tener horarios xxxxxxxxx diarios para el xxxxxxxx, la comida y la cena.

LA ALIMENTACIÓN

(...) Para una dieta sana, es aconsejable xxxxxxxxx pescado dos veces por semana, como mínimo. La xxxxxxxxx de preparar los alimentos también ayuda a xxxxxxxxxx la cantidad de grasas: es mejor comer pescado xxxxxxxxx que frito o con salsa. (...)

EL EJERCICIO FÍSICO

(...) No es necesario hacer ejercicios físicos fuertes o xxxxxxxxx . El golf, por ejemplo, es un deporte ideal para xxxxxxxxxxxx edad. Un xxxxxxxxxx paseo diario de una hora es tan bueno como media hora de bicicleta. (...)

Was ist geschehen? Du hast genau das gemacht, was du auch tust, wenn du einen Text in deiner Muttersprache liest: Du liest nicht alle einzelnen Buchstaben und Wörter, sondern gehst, je mehr du vom Text verstehst, in Sprüngen voran.

Was passiert, wenn wir in einer Fremdsprache lesen, die wir gerade erst lernen? Wir fühlen uns unsicher und möchten jedes einzelne Wort lesen und verstehen. Aber du hast ja selbst gemerkt, dass du die Information verstehen kannst, auch ohne alle Wörter zu kennen.

tranquilo paseo diario ... bueno como media hora de bicicleta. (...

EL EQUILIBRIO ANÍMICO

(...) unos hábitos regulares suponen también una buena ayuda: acostarse y levantarse cada día a la misma hora, y tener horarios regulares diarios para el desayuno, la comida y la cena.

LA ALIMENTACIÓN

(...) Para una dieta sana, es aconsejable tomar pescado dos veces por semana, como mínimo. La forma de preparar los alimentos también ayuda a reducir la cantidad de grasas: es mejor comer pescado a la plancha que frito o con salsa. (...)

Wenn wir lesen, können wir die Bedeutung vieler Wörter und Ausdrücke aus dem Zusammenhang erschließen, in dem sie stehen: das Thema und die Wörter, die vorher oder danach stehen, helfen uns dabei. Außerdem kann uns manchmal die Ähnlichkeit mit Wörtern aus anderen Sprachen behilflich sein.

cualquier: ____________________

a la plancha: ____________________

frito: ____________________

supone: ____________________

________: ____________________

________: ____________________

Nun kannst du deine/n Kursleiter/in nach der Bedeutung der Wörter fragen oder im Wörterbuch nachschlagen. Waren deine Vermutungen richtig?

Autoevaluación

PORTFOLIO

En general:				
Mi participación en clase				
Mi trabajo en casa				
Mis progresos en español				
Mis dificultades				

Y en particular:					
Gramática					
Vocabulario					
Fonética y pronunciación					
Lectura					
Audición					
Escritura					
Cultura					

Diario personal

En la unidad GENTE EN FORMA lo que me parece más interesante es ____________; sin embargo, ____________ no me parece tan interesante. Ahora creo que sé mucho mejor ____________ aunque todavía tengo algunos problemas con ____________. Con estas lecciones también he aprendido ____________ y ____________. En cuanto al tipo de ejercicios, en general prefiero ____________ porque ____________; los ejercicios del tipo ____________ no me parecen muy útiles. En las páginas 58 y 59 se habla de la vida diaria de los españoles; si la comparo con la mía veo que ellos ____________, mientras que nosotros ____________.

❷ Notiere die Berufe, die dir am besten und die dir am wenigsten gefallen. Schreibe anschließend die Gründe daneben.

Las que más me gustan

PROFESIÓN RAZONES

______________ ______________________________
______________ ______________________________
______________ ______________________________

Las que menos me gustan

PROFESIÓN RAZONES

______________ ______________________________
______________ ______________________________
______________ ______________________________

❸ Denke an drei Personen aus deinem Bekanntenkreis (Freunde, Verwandte...), die ihre Arbeit gut machen. Versuche ihr Arbeitsleben mit den positiven und negativen Aspekten zu beschreiben, so wie im angegebenen Beispiel.

Mi amigo Peter es músico. Toca la batería. Es un buen batería, pero ser músico no es fácil: es una profesión muy creativa pero a veces no hay trabajo y ganan poco dinero. Hay que luchar mucho.

4 Hör dir fünf Interviews mit Frauen an, die über ihr Leben und ihre Arbeit sprechen. Sieh dir die Zeichnungen an und notiere die Reihenfolge, in der sie sprechen.

5 Kannst du dich um eine dieser Stellen bewerben? Lies die Anzeigen und gib an, welche Voraussetzungen du erfüllst. Mache dann einen Entwurf für deinen Lebenslauf. Du kannst ähnliche Sätze wie in diesem Beispiel verwenden.

Tengo experiencia comercial. He trabajado dos años en Toyota. Tengo conocimientos de inglés. He estudiado un año en el British Council de Tokio.

MULTINACIONAL FARMACÉUTICA

Líder en investigación, necesita cubrir puestos de:

Visitador Médico

en las siguientes provincias: BARCELONA (Ref. B), MADRID (Ref. M), MALAGA (Ref. MA), SEVILLA (Ref. S), y VALENCIA (Ref. V).

Se requiere:

- Ser licenciado en Biología, Química, Farmacia o afines.
- Sin experiencia.
- Estar libre del servicio militar.
- Tener carnet de conducir.

Se ofrece:

- Integrarse en un excelente equipo de profesionales.
- Trabajo en un área de visita médica.
- Amplia posibilidad de desarrollo profesional en la empresa.
- Interesantes condiciones salariales en función de la experiencia y el perfil del candidato.
- Coche de empresa.
- Importantes beneficios sociales.

Las personas interesadas deberán enviar Curriculum Vitae con fotografía reciente al **Apdo. Correos 13217 - 28080 Madrid,** indicando la **referencia correspondiente**.

NUEVA INSTALACIÓN HOTELERA

Précisa para Valencia

DIRECTOR DE HOTEL

Se requiere:
- Edad de 35 a 45 años.
- Experiencia mínima de 5 años en gestión.
- Experiencia en dirección de equipos.
- Conocimientos de inglés y francés. ✓

Se valorará:
- Experiencia comercial. ✓
- Experiencia de puesta en marcha de proyectos empresariales.
- Capacidad de comunicación y relaciones humanas.

Se ofrece:
- Contrato fijo.
- Remuneración a convenir.
- Incorporación en el mes de septiembre.

Interesados enviar Curriculum Vitae y fotografía reciente a Eme O Comunicación, c/ Moratín, 11, 46002 Valencia. Ref. 333. Se garantiza confidencialidad absoluta.

ENTIDAD FINANCIERA DE PRIMER ORDEN

precisa

PROMOTORES COMERCIALES

PARA TODA ESPAÑA
PARA CAMPAÑA COMERCIAL A PARTIR DE SEPTIEMBRE

Se requiere:
- Edad hasta 28 años.
- Facilidad de trato y capacidad de relación.
- Buena presencia/dinamismo.
- Dotes comerciales.
- Preferentemente universitarios.
- Experiencia comercial (preferible en sector financiero).

Se ofrece:
- Contrato con alta en Seguridad Social.
- Formación a cargo de la empresa.
- Retribución fija + incentivos.

Interesados, llamar al teléfono (91) 383 33 80 y enviar *currículum* por fax (91) 383 24 00 / 91 50 o por correo, calle de Arturo Soria, 343, 4ª planta, 28033 Madrid.

Elvira puede solicitar el puesto de ____________ porque ____.

Gerardo puede solicitar el puesto de ___________ porque ____.

Gracia puede solicitar el puesto de ____________ porque ____.

7 Du musst ein Vorstellungsgespräch vorbereiten, um eine Person auszusuchen, die mit dir zusammenarbeiten soll. Wähle unter den folgenden Fragen 5 aus, die dir am wichtigsten erscheinen. Du kannst auch andere Fragen hinzufügen.

– ¿Le gusta el trabajo en equipo?
– ¿Tiene usted experiencia en ventas?
– ¿Tiene sentido del humor?
– ¿Habla idiomas?
– ¿Es usted una persona comunicativa?
– ¿Sabe usted decir mentiras?
– ¿Sabe hablar en público?
– ¿Es usted ordenado?
– ¿Sabe manejar un ordenador?
– ¿Tiene carnet de conducir?
– ¿Le gusta viajar?
– ¿Tiene paciencia?

8 Welche Begriffe verwenden wir in Verbindung mit diesen Verben? In einigen Fällen sind mehrere möglich.

ESTAR DISPUESTO A SABER TENER TOCAR HACER ESCRIBIR SER

escuchar idiomas experiencia buena presencia un instrumento paciencia
poesía buen carácter dinámico/a deporte trabajar en equipo el piano sociable
tímido/a informática teatro voluntad de progresar viajar novelas gimnasia

9 Welche Sprachen sprichst du abgesehen von Deutsch und Spanisch? Wie gut sprichst du sie?

EL ESPAÑOL. *Lo hablo y lo leo un poco. Lo entiendo bastante. Lo escribo sólo un poco.*

10 Sicher hast du heute vor dem Unterricht einige der folgenden Dinge getan. Markiere sie und ergänze die Sätze.

He ido de compras. He comprado ______________________.
He visto a un/a amigo/a en ______________________.
He hablado por teléfono ____________ veces con ____________.
He navegado por Internet ______________________ minutos.
He perdido un/a ______________________.
Me he enfadado con ______________________.
Me he puesto nervioso/a ______________________ veces.
He escrito un e-mail a ______________________.
He leído una noticia interesante en el periódico: ______________________
He conducido ______________________ kilometros.
He venido a la escuela en ______________________.

He encontrado en la calle a ______________________.
He visto en la tele ______________________.
He escuchado música: ______________________.
He visitado a ______________________.
He nadado en la piscina ______________________ minutos.
He ido al médico ______________________.
He hablado español con ______________________
He pagado una factura de ______________________.
He ido a la peluquería y me he ______________________ el pelo.
Me he comprado ropa: un/a ______________________.
He ido al gimnasio y he ______________________.

11 Du hörst noch einmal den Dialog von Alicia (Seite 63 im Lehrbuch). Die Verben dieser Liste kommen darin vor, mal im Präsens, mal im Perfekt. Kreuze jedes Mal, wenn du eins hörst, die entsprechende Spalte an.

	PRESENTE	PRETÉRITO PERFECTO		PRESENTE	PRETÉRITO PERFECTO		PRESENTE	PRETÉRITO PERFECTO
hablar			**viajar**			**tener**		
gustar			**estar**			**trabajar**		
encantar			**ser**			**terminar**		
estudiar			**llamarse**			**empezar**		
estudiar			**ser**			**gustar**		
vivir			**empezar**			**conocer**		
hablar			**empezar**			**viajar**		
vivir			**acompañar**			**aprender**		
estar			**estudiar**					

11 Du hörst jetzt drei Interviews mit Spanier/innen, die Arbeit suchen: Pepe, Amalia und Clara. Kreuze die für jede Person zutreffenden Angaben in der entsprechenden Spalte an.

	PEPE	AMALIA	CLARA
Ha estudiado en la Universidad.			
Ha trabajado tres años en una empresa danesa.			
Ha hecho el servicio militar.			
Ha trabajado de camarero/a.			
Ha estudiado Ciencias Exactas.			
Ha trabajado en el extranjero.			
Ha dado clases en una universidad privada.			
Habla tres idiomas extranjeros.			
Ha trabajado y estudiado al mismo tiempo.			
Ha hecho la tesis doctoral.			
Habla inglés.			
Ha vivido en Francia y en Alemania.			

Ha hecho una película con Marilyn Monroe.	
Ha trabajado con Spielberg.	
Ha jugado en el Barça, el equipo de fútbol de Barcelona.	
Ha escrito una novela en francés.	
Ha participado en unas olimpiadas.	

He completado _____ personajes.

14 **Erstelle eine Liste mit den Dingen, die für einen Touristen deiner Stadt oder deiner Region am interessantesten sind.**

Stell dir nun vor, du hast Besuch von Freunden aus Spanien. Heute haben sie deine Stadt und die Umgebung besichtigt. Als sie nach Hause kommen, möchtest du wissen, was sie gemacht haben. Welche Fragen stellst du ihnen? Du kannst diese Verben verwenden: visitar..., estar en..., ir a..., subir a..., entrar en...

¿Habéis entrado en el Palacio Real? ¿Os ha gustado?

Stell dir nun vor, dass deine Freunde keine Spanier, sondern Chilenen sind.
In dem Fall musst du die Fragen mit der Form ustedes bilden.

¿Qué han hecho hoy? ¿Han visitado el Museo del Prado? ¿Les ha gustado?

15 **Von der CD hörst du einige Fragen. Versuche sie zu beantworten.**

- ¿Hablas italiano?
- Sí, un poco.

16 **In der spanischen Sprache haben alle Wörter eine betonte Silbe. Hör dir diese Wörter an. Wo sind sie betont? Kreise die betonte Silbe ein.**

tra-ba-jar	mo-nó-to-no	pro-fe-sio-nal	á-ra-be
tra-ba-ja-dor	rá-pi-do	in-glés	me-xi-ca-no
puer-ta	gui-ta-rra	pro-fe-sión	pe-li-gro
ga-nar	Mé-xi-co	tra-ba-ja-do	mú-si-co

17 Kannst du diese Dinge? Wie gut? Kreuze zunächst an und schreibe anschließend 5 Sätze.

	muy bien	bien	regular	no sé
cocinar				
bailar				
jugar al tenis				
nadar				
esquiar				
cantar				
escuchar a los demás				
hablar en público				
disimular				
dibujar				
escribir				
contar chistes				

No sé dibujar.
Dibujo bastante bien.

______
______
______
______
______

18 Bist du berufstätig? Beschreibe deinen Arbeitsplatz. Vielleicht musst du ein Wörterbuch zu Hilfe nehmen.

PORTFOLIO

Soy ______ *(y / pero) trabajo en* ______, *que está en* ______.
Es (una profesión / un trabajo) muy ______ *porque* ______. *Tiene cosas buenas:* ______ *y* ______. *Pero también aspectos negativos:* ______.
Mis compañeros de trabajo son ______.
Mi jefe es ______.
El ambiente, en general, es ______ *porque* ______.

19 Hier sind die Infinitive einiger Verben, die du bereits gelernt hast. Erinnerst du dich, wie die Partizipien gebildet werden?

INFINITIV	PARTIZIP	INFINITIV	PARTIZIP	INFINITIV	PARTIZIP
jugar →	jugado	buscar →		escribir →	
beber →		pagar →		escuchar →	
ir →		visitar →		desayunar →	
dormir →		alquilar →		leer →	
tener →		pronunciar →		estar →	

PUERTO PLATA	H. Esplanada (Tur. Sup.)	HD	9	104.800	115.500	94.200
PUNTA CANA	H. Iberostar Bávaro (Lujo)	MP	9	147.800	152.600	155.100
CANCUN	H. Tropical Mayan (Tur.)	HA	9	108.000	125.000	116.000
LA HABANA	H. Villa Panamericana (Tur.) 2 pers.	HA	11	112.200	129.100	105.100
VARADERO	H. Mar del Sur (Tur. Std.) 2 pers.	HA	9	106.400	109.400	98.700
CARTAGENA DE INDIAS	H. Cartagena Plaza (Tur. Sup.)	HA	9	114.000	129.000	109.000
ISLA MARGARITA	H. Margarita Intern. (Tur.) 4 pers.	HA	9	92.500	109.400	103.100
ARUBA	H. Holiday Inn ****	HA	9	113.500	123.500	118.500
NUEVA YORK	H. Pennsylvania (Tur. Sup.)	HA	9	147.700	150.100	136.100
MALDIVAS	H. Kuredu (Tur.)	MP	9	160.100	196.300	157.500
SAFARI EN KENIA	H. (Tur. Sup.)	MP/PC	9	152.900	214.000	160.300

Precios válidos para salidas desde Madrid. Solicita información de suplementos/descuentos para salidas desde otros aeropuertos. Nuestros precios incluyen: avión de ida/vuelta, traslados aeropuerto/hotel/aeropuerto, acomodación en hoteles y régimen indicado y seguro de viaje. Tasas de aeropuerto y visado no incluidos.

te dirán basta. Se van a volver locas de alegría en cuando les digas que no pararán de bailar en el Caribe. Cancún, Varadero, Isla Margarita, La Habana. No dejes escapar la oportunidad de pasar unas locas vacaciones a ritmo de merengue en el cálido Caribe.

¡Qué locura!

Robert Bosch España, S.A.

Precisa cubrir dos puestos:

VENDEDORES
para el sector de
REPUESTOS DEL AUTOMÓVIL

La zona de trabajo estará ubicada dentro de un radio de acción de 300 Km. alrededor de Madrid

Se requiere:
- Formación a nivel de Ingeniero Técnico o similar
- Experiencia mínima de 5 años en venta repuestos del automóvil
- Carnet de conducir
- Disponibilidad para viajar

Se ofrece:
- Formar parte de la plantilla
- Salario fijo más parte variable en función de consecución de objetivos
- Coche por cuenta de la empresa
- Formación continuada

Las personas interesadas pueden dirigirse, indicando en el sobre la referencia VENDEDORES, a:
Robert Bosch España
Financiación y Servicios, S.A.
Selección y Desarrollo de Recursos Humanos
Apartado de Correos 35106
28080 MADRID

BOSCH

El maletín más completo para llevar su PC portátil, el móvil, cables, discos...

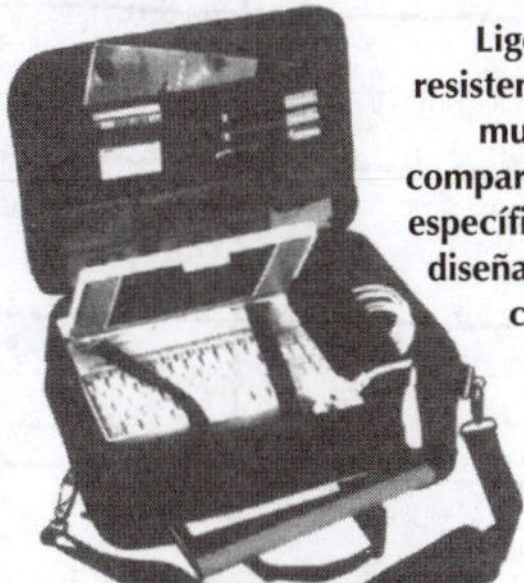

Ligero, muy resistente y con multitud de compartimentos específicamente diseñados para cada cosa

Este maletín Porta-PC es la mejor solución para llevar su "despacho móvil" a todas partes con la máxima seguridad para su PC., con todo lo que necesite en perfecto orden y con el teléfono móvil, la agenda, los bolígrafos, etc. siempre a mano.
No encontrará otro con estas características:
- Estructura resistente de vinilo reforzado con nylon.
- Paneles acolchados de protección.
- Compartimentos especiales para diskettes, cables, baterías, etc.
- Bolsillo exterior para teléfono móvil.
- Tres compartimentos exteriores para documentos y carpetas.
- Bolsillos y bandas interiores para tarjetas, bolígrafos, etc.
- Bandas de ajuste con velcro para sujetar cualquier PC portátil.
- Bandolera reposicionable de medida ajustable.

Por su funcionalidad, su sorprendente capacidad, su ligereza y su elegante diseño, el Maletín Porta PC es una alternativa ventajosa al maletín rígido convencional, más segura para tu ordenador y más práctica. Medidas 42 x 28 x 16,5 cm

Einen Text zu verstehen bedeutet nicht, jedes einzelne Wort zu kennen. Es bedeutet, die Informationen, die er enthält und die uns interessieren, entnehmen zu können. Dabei helfen uns Vokabel- und Grammatikkenntnisse, aber vor allem hilft uns unsere Lebenserfahrung und unser Wissen, in welcher Form bestimmte Texte üblicherweise präsentiert werden.

Autoevaluación

En general:

	☼			
Mi participación en clase				
Mi trabajo en casa				
Mis progresos en español				
Mis dificultades				

Y en particular:

Gramática					
Vocabulario					
Fonética y pronunciación					
Lectura					
Audición					
Escritura					
Cultura					

Diario personal

En esta unidad he aprendido (muchas / bastantes / pocas) cosas nuevas. Ha sido interesante la actividad ______________________, y lo que menos me ha gustado ha sido ______________. He tenido problemas con ______________. Creo que ahora puedo hablar del mundo del trabajo (muy bien / bien / regular / con muchos problemas), puedo des-
cribir mi profesión o la de otros (muy bien / bien / regular / con muchos problemas). También puedo __________ y __________. Hay cosas difíciles, como por ejemplo, __________ porque en mi lengua (es / son) (muy / bastante) diferente/s. No entiendo del todo bien __________ __________. Tengo que preguntárselo al profesor o pensar sobre el tema.

No me gusta mucho... ______ ______ ______ ______

Nunca he probado... ______

2 **Vervollständige diese beiden Einkaufslisten.**

paquetes	kilos
docena	gramos
cartón	latas
litros	paquete
barra	botella

2 ______ de leche
1 ______ de azúcar
3 ______ de cerveza
1 ______ de huevos
2 ______ de manzanas

1 ______ de leche
1 ______ de vino tinto
250 ______ de queso
3 ______ de macarrones
1 ______ de pan

3 **Der Supermarkt Blasco hat einen neuen Mitarbeiter. Kannst du ihm helfen, jedes Produkt an seinen Platz zu stellen?**

chorizo	leche	cerveza	truchas	jamón	gambas	fresas	naranjas	cava
limones	cordero	espárragos	manzanas	cerdo	cebollas	vino	pollo	sardinas

VERDURA	PESCADO	CARNE	FRUTA	BEBIDAS

4 **Hör dir dieses Gespräch in einem Lebensmittelgeschäft an und markiere die richtige Antwort.**

1. ¿Qué dice el cliente para preguntar el precio de un producto?
   - ❑ ¿Cuánto valen las fresas?
   - ❑ ¿A cuánto están las fresas?
   - ❑ ¿Cuánto cuestan las fresas?
2. ¿Y para preguntar el precio total?
   - ❑ ¿Cuánto es todo?
   - ❑ ¿Cuánto vale todo?
   - ❑ ¿Cuánto cuesta todo?
3. ¿Qué artículos compra?
   - ❑ Fresas, huevos y azúcar.
   - ❑ Jamón, azúcar y fresas.
   - ❑ Leche, jamón y huevos.

5 **Kannst du diesen Dialog in einem Lebensmittelgeschäft ergänzen?**

- Hola, buenos días. ¿Qué le pongo?
- ○ ______________________________
- Pues sí, tenemos estos, que son fantásticos.
- ○ ______________________________
- Un kilo, muy bien. ¿Algo más?
- ○ ______________________________
- A doscientas cincuenta la docena.
- ○ ______________________________
- Pan no tenemos. Lo siento.
- ○ ______________________________
- A ver, son... 3 euros con 20 céntimos.
- ○ ______________________________
- Gracias a usted. Hasta luego.
- ○ ______________________________

6 **Ernährst du dich gesund? Dieser Test gibt dir darüber Auskunft.**

¿Comes carne de cerdo? ☐ a. Sí, una vez por semana.	☐ b. Sí, cinco veces por semana.	☐ c. No, nunca.
¿Comes huevos? ☐ a. Sí, dos por semana.	☐ b. Sí, cada día.	☐ c. No, casi nunca.
¿Tomas alcohol? ☐ a. Sí, un poco de vino con las comidas.	☐ b. Sí, todos los días tomo alguna copa (whisky, coñac) y cerveza.	☐ c. No, no tomo alcohol.
¿Comes "comida rápida"? ☐ a. Sí, de vez en cuando.	☐ b. Sí, a menudo.	☐ c. No, nunca he estado en un MacDonald's.
¿Bebes agua? ☐ a. Sí, un litro y medio al día.	☐ b. ¿Agua? Sí, en la ducha.	☐ c. Sí, tres litros al día.
¿Comes pescado? ☐ a. Sí, dos o tres veces por semana.	☐ b. No, no me gusta. Tiene espinas.	☐ c. No me gusta mucho, pero lo como porque es sano.
Las ensaladas... ☐ a. me gustan.	☐ b. ¡Qué horror!	☐ c. son mi plato preferido.
número de respuestas **a**:	número de respuestas **b**:	número de respuestas **c**:

RESULTADO

Si tienes mayoría de respuestas **a**: te alimentas equilibradamente.

Si tienes mayoría de respuestas **b**: cuidado, tienes que cambiar algunos hábitos.

Si tienes mayoría de respuestas **c**: te alimentas bien pero no hay que exagerar. No hay que ser tan estricto con la dieta...

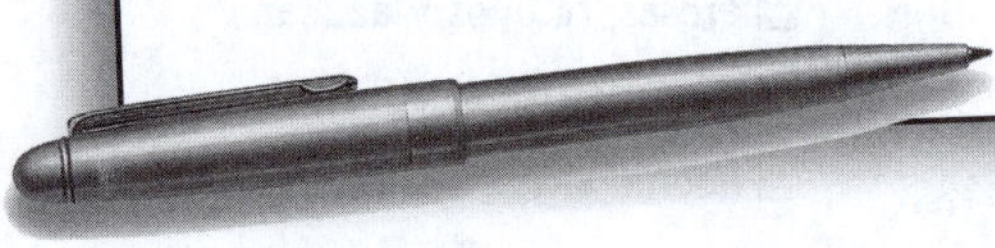

agua. Se toma especialmente en verano.

Es un plato típ... muchísimas cosas: garbanzos, chorizo, carne de cerdo, verduras, etc. Primero, se toma una sopa de fideos y, luego, las verduras y las carnes con las que se ha hecho la sopa. Se come especialmente en invierno porque es un poco pesado.

otras clases de carne. Lleva algunas verduras y, muchas veces, marisco. Su origen está en Valencia, pero se toma en todo el país.

❑ PISTO ❑ PAELLA ❑ COCIDO ❑ GAZPACHO

9 Weißt du, welche Begriffe gemeint sind? Das Lösungswort ist ein spanisches Produkt.

UN PRODUCTO TÍPICO ESPAÑOL

1. Es una fruta que se cultiva mucho en el Mediterráneo. Su zumo se toma muy a menudo para desayunar. _ _ _ _ _ ❑ _
2. Es un objeto metálico para conservar alimentos. _ ❑ _ _
3. Es un marisco rojo, muy rico a la plancha. Se pone también en la paella. _ _ ❑ _ _
4. Se toma después del segundo plato. _ ❑ _ _ _ _
5. Es una bebida. Puede ser blanco, tinto o rosado. _ _ ❑ _

10 **Welche dieser Zutaten findet man in einer Paella? Besprich es mit den anderen Kursteilnehmer/innen.**

❑ nueces	❑ sardinas	❑ alcachofas	❑ huevo duro	❑ arroz
❑ garbanzos	❑ guisantes	❑ almendras	❑ mejillones	❑ pollo
❑ pimientos	❑ jamón	❑ queso	❑ zanahorias	❑ gambas

● ¿La paella lleva nueces?
○ No, no nueces, no.

11 **Das Restaurant „Casa Leonardo" hat einen neuen ausländischen Chef, dem es Probleme bereitet, diese Gerichte auf der Speisekarte richtig anzuordnen. Kannst du ihm helfen?**

- gambas al ajillo
- filete de ternera con patatas
- flan
- tarta de limón
- helado
- gazpacho
- fideuá
- calamares a la romana
- huevos con chorizo
- manzana
- pollo asado
- merluza a la romana
- espárragos con mayonesa

Menú del día

Primer plato	Segundo plato	Postre
___	___	___
___	___	___
___	___	___
___	___	___
___	___	___
___	___	___

Kannst du noch andere Gerichte auf die Speisekarte setzen?

12 **Was sind deine Lieblingsgerichte? Stelle ein Menü zusammen. Du kannst ein Wörterbuch zu Hilfe nehmen. Einiges lässt sich vielleicht auch gar nicht übersetzen.**

PORTFOLIO

Mi menú favorito

De primero

___
___
___

De segundo

___
___
___

De postre

___
___
___

14 **Wenn du das vollständige Rezept für Apfelkompott erhalten willst, musst du die Elemente der linken und rechten Spalte richtig miteinander verbinden.**

Se pelan	un poco de mantequilla en una cacerola
y se cortan	las manzanas con un poco de sal.
Después, se calienta	durante diez minutos.
y se añaden	las manzanas
Se pone	en trozos pequeños.
y se hierve todo	un vaso de agua y medio de vino blanco

15 **Sonia, die Frau von Pepe Corriente, sagt uns, was sie heute gegessen haben. Vervollständige den Text mit folgenden Wörtern.**

al horno
tapas
patatas
fruta
aperitivo
leche
bocadillo
mantequilla
postre
zumo

Hoy, para desayunar, hemos tomado un café con __________ , __________ de naranja y pan con __________ y mermelada. A eso de las dos hemos ido a una cervecería del centro para tomar el __________ con unos amigos: un par de vinos y unas __________. Hemos comido tarde, a las tres y pico, en casa de la madre de Pepe. Nos ha preparado un pescado __________ con __________ que estaba riquísimo, y de __________ ha hecho natillas. Para cenar, yo no he tomado casi nada, solo un poco de __________, pero Pepe se ha preparado un __________ de jamón y queso.

16 **Kannst du zwei Beispiele für jede Gruppe finden, ohne dass ein Produkt doppelt genannt wird?**

PORTFOLIO

– Se comen crudos: plátanos, __________.
– Se hacen en una sartén: __________, __________.
– Se hierven: __________, __________.
– Se asan en el horno: __________, __________.
– Se hacen a la plancha: __________, __________.
– Llevan salsa: __________, __________.
– Se comen sin sal: __________, __________.
– Se pelan: __________, __________.

17 **Das Hotel „Gente Sana“ bietet eine Schlankheitskur an. Die Gäste sollen auf gesunde Weise in drei Tagen „sechs“ Kilo abnehmen. Kannst du das Menü zusammenstellen? Mache einen Vorschlag und diskutiere ihn mit den anderen.**

*** * * HOTEL BALNEARIO GENTE SANA... * * ***

	VIERNES	SÁBADO	DOMINGO
Desayuno			
Almuerzo Primer plato Segundo plato Postre			
Cena Primer plato Segundo plato Postre			

18 **Kannst du dieses Rezept verbessern, indem du die *kursiv* gedruckten Wörter durch die Objektpronomen lo, la, los, las ersetzt?**

POLLO CON CIRUELAS

Ingredientes

(para cuatro personas):

1 pollo mediano

2 vasos de vino blanco

1 cebolla grande

1 vaso (pequeño) de jerez

250 gr. de ciruelas pasas

sal y pimienta

Preparación

Primero, hay que cortar el pollo en trozos y limpiar *los trozos de pollo* y salar *los trozos*. Después, poner un poco de aceite en una cacerola, calentar *el aceite* y freír el pollo por los dos lados durante diez minutos, retirar *el pollo* y guardar *el pollo*. En el mismo aceite, echar la cebolla y freír *la cebolla*. Es mejor freír *la cebolla* a fuego lento, así no se quema. Luego, añadir el pollo y poner en la cacerola las ciruelas y mezclar bien *las ciruelas* con el pollo y con la cebolla. Añadir el vino y el jerez y dejar cocer durante 25 minutos.

19 **Kannst du dieses Gespräch in einem Restaurant ordnen?**

CAMARERO

- ● ¿Qué va a tomar?
- ● ¿Y para beber?
- ● Ahora mismo. ¿De postre quiere algo?
- ● Es bacalao fresco, fantástico...
- ● ¿Y de segundo?

CLIENTE

- ○ Pues entonces bacalao.
- ○ Por favor, un poco más de agua.
- ○ Pues de primero la sopa de la casa.
- ○ No gracias. Un café solo y me trae la cuenta, ≥ por favor.
- ○ Agua mineral sin gas.
- ○ A ver... ¿El bacalao qué tal?

● ______________________

○ ______________________

● ______________________

○ ______________________

● ______________________

○ ______________________

● ______________________

○ ______________________

(un rato después)

○ ______________________

● ______________________

○ ______________________

☐ a. En la calle.
☐ b. En la casa donde viven los dos.
☐ c. En casa de unos amigos.

3. ¿De qué están hablando?
☐ a. De problemas domésticos.
☐ b. De política.
☐ c. De problemas del trabajo.

4. ¿Qué actitud tiene la mujer?
☐ a. Está nerviosa.
☐ b. Está triste.
☐ c. Está enfadada.

5. ¿Por qué?
☐ a. Por la actitud del hombre en la casa.
☐ b. Porque el hombre bebe mucho.
☐ c. Porque ella siempre habla así.

6. ¿Y qué actitud tiene el hombre?
☐ a. Está sorprendido.
☐ b. Está enfadado.
☐ c. Está alegre.

7. ¿Qué te ha ayudado a contestar estas preguntas?

8. Vuelve a escuchar la conversación. ¿Necesitas conocer todas las palabras para entender la situación?

Ein Gespräch zu verstehen bedeutet mehr, als nur zu verstehen, was gesagt wird. Es bedeutet zu verstehen, was passiert. Dazu ist es nicht nötig, die Übersetzung jedes einzelnen Wortes zu kennen. Du hast es gerade selbst feststellen können, nicht wahr?

Autoevaluación

PORTFOLIO

En general:	☀	⛅	🌥	☁
Mi participación en clase				
Mi trabajo en casa				
Mis progresos en español				
Mis dificultades				

Y en particular:					
Gramática					
Vocabulario					
Fonética y pronunciación					
Lectura					
Audición					
Escritura					
Cultura					

Diario personal

En las secciones de GENTE QUE COME BIEN me ha parecido muy interesante ______________, pero no me ha parecido tan interesante ______________________. Creo que he aprendido mucho sobre ______________________ aunque me parece que todavía tengo problemas con ____________________. También he aprendido ________________ y ______________. Para no olvidar palabras nuevas lo que hago es ________________ y a veces también ____________________________________. Me gustaría pedirle al profesor más actividades para practicar ______________________________________. En general, desde el principio del curso, creo que he avanzado (muchísimo/mucho/bastante/poco).

___ pasaporte	☐	___ teléfono móvil	☐	___ billetes de avión	☐
___ llavero	☐	___ ordenador portátil	☐	___ cámara fotográfica	☐
___ calendario	☐	___ tarjetas de visita	☐	___ moneda extranjera	☐
___ gafas de sol	☐	___ llaves del coche	☐	___ billetes de banco	☐

2 **Schreibe nun vor jedes Wort den zugehörigen bestimmten Artikel (el, la, los, las). Notiere auch, welche Dinge du auf deiner letzten Reise gebraucht hast.**

3 **Sieh dir den Terminkalender auf S. 81 im Lehrbuch an. Stell dir vor, dass jetzt Donnerstag, der 24. April, 18 Uhr ist. Hat Ariadna die-se Dinge bereits getan oder wird sie sie noch tun?**

	VERDADERO	FALSO
a. Ya ha comido con Jean Pierre.	☐	☐
b. Todavía no ha ido a Valencia.	☐	☐
c. Todavía no ha jugado al tenis con Jaime.	☐	☐
d. Ya ha estado en París.	☐	☐
e. Ha ido a la cena de cumpleaños de su madre.	☐	☐
f. Va a ver al señor Puig.	☐	☐

Kannst du noch drei Dinge notieren, die Ariadna in dieser Woche schon oder die sie noch nicht getan hat?

4 **Ordne diese Zeitangaben, ausgehend von heute, in chronologischer Reihenfolge.**

dentro de tres años — el martes que viene — pasado mañana — el mes que viene
el domingo — mañana — el 24 de abril
el 25 de noviembre — en marzo de 2012

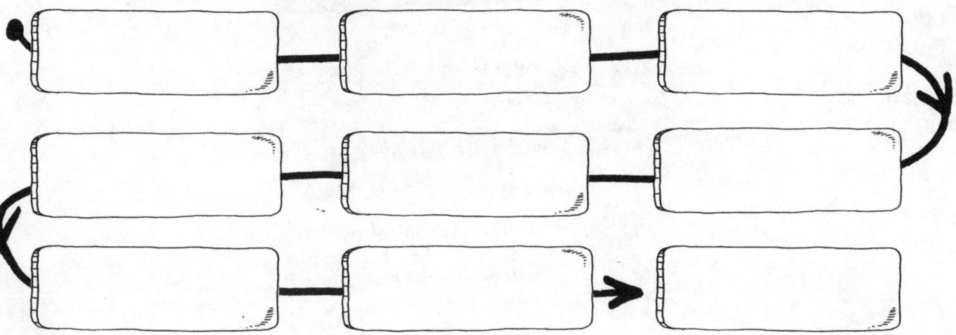

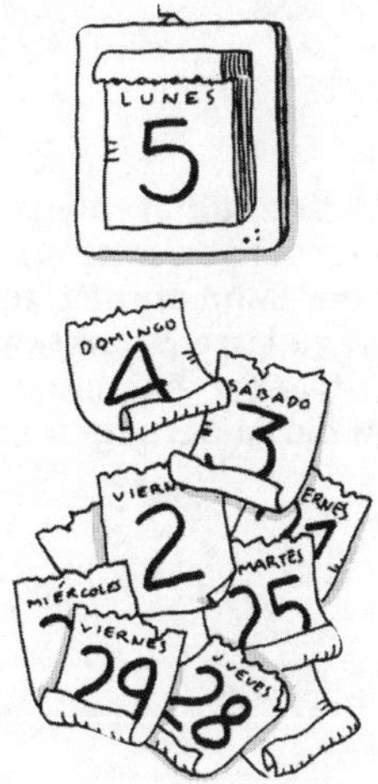

5 **Was machst du normalerweise vor, während und nach einer Reise? Ordne die aufgeführten Aktivitäten entsprechend zu. Du kannst auch andere hinzufügen.**

– comprar los billetes
– revelar las fotos
– planchar camisas
– hacer fotos
– deshacer la maleta
– comprar regalos
– hacer la maleta
– alquilar un coche
– cambiar dinero
– escribir postales

6 **Diesen Text kennst du schon aus dem Lehrbuch. Ergänze die fehlenden Wörter.**

EL CAMINO DE SANTIAGO

Desde la Edad Media __________ hoy, miles de peregrinos cruzan los Pirineos y viajan __________ el oeste, hasta la tumba del Apóstol Santiago, en la __________ de Santiago de Compostela.

Los peregrinos van a __________ , a caballo o en bicicleta; por motivos religiosos, turísticos o __________. Algunos viajan solos y __________, en grupo, con __________ o con la familia. De Roncesvalles a Compostela encuentran iglesias románicas, __________ góticas, pueblos pintorescos, paisajes __________ variados... Y cada pocos kilómetros, una posada, un lugar donde se puede __________ gratis, normalmente con camas y duchas.

7 **Wenn du Übung 6 im Lehrbuch auf Seite 82 richtig gelöst hast, kannst du die Fragen beantworten, die du nun von der Kassette hörst.**

NOMBRE DEL PEREGRINO

1. ______________________ 4. ______________________ 7. ______________________
2. ______________________ 5. ______________________ 8. ______________________
3. ______________________ 6. ______________________ 9. ______________________

8 **Dir liegt dieser Zugfahrplan Madrid-Segovia vor, aber als du bei der Auskunft der Bahn anrufst, um dir die Zeiten bestätigen zu lassen, hörst du vom Anrufbeantworter einen neuen Fahrplan. Kannst du die Änderungen markieren?**

MADRID	SEGOVIA
6.17	8.13 (1)
10.17	12.05
14.17	16.06
16.23	18.01 (1)
20.17	22.10 (2)

(1) Laborables, excepto sábados. No circula: 1/5, 25/12, 1/1
(2) Diario, excepto domingos.

stehen sie zu dem genannten Zeitpunkt vor verschlossenen Türen?

La Gaviota

ESPECIALIDADES MARINERAS

13h-17h y 20.30h-24h
(lunes noche y martes descanso semanal)

EL CORTE FIEL

¡ESTE DOMINGO ABRIMOS!

Liquidación total por fin de temporada.
¡Venga a ver nuestras increíbles rebajas de 9h a 21h todos los días!

Mikis

Jazz en directo todas las noches hasta las 4h

¿Van a encontrar abierto?
Sí ☐ No ☐

¿Van a encontrar abierto?
Sí ☐ No ☐

¿Van a encontrar abierto?
Sí ☐ No ☐

11 Stell dir vor, es ist vier Uhr nachmittags und du musst heute all diese Dinge tun. Kreuze 5 der genannten Aufgaben an, die du bereits erledigt hast (welche du willst). Dein/e Nachbar/in darf dir 8 Fragen stellen, um herauszufinden, welche es sind.

- ¿Ya has comprado el pan?
- Sí, ya lo he comprado.
  No, todavía no

TU COMPAÑERO

Ya ha...

- Escribir una postal a Teresa, una amiga española.
- Ir al banco.
- Comprar el pan.
- Preparar la cena.
- Planchar tres camisas.
- Llamar por teléfono a tus padres.
- Recoger una chaqueta en la tintorería.
- Sacar los billetes de avión para París.
- Hacer los ejercicios de español.
- Pagar la luz y el teléfono.

12 Die Sopranistin Renata Yacallé hat einen sehr vollen Terminkalender. Leider versteht sie die Notizen ihrer Sekretärin nicht, die zur Zeit krank ist. Kannst du ihr helfen? Schreibe auf, wo sie deiner Meinung nach an welchem Tag auftreten wird.

Par. 13 y 25 jul. *Mil. Mar-30-sep.* *Sid. 1 y 2 sep.* *Barc. 15-20 jul.* *Rom. V-2-oct.* *L.A. 22-ag.*

NY J-25-ag Va a cantar en Nueva York el jueves veinticinco de agosto.

13 Bildet Gruppen und notiert, bevor ihr diesen Text lest, zwei Informationen, die er eurer Meinung nach enthalten könnte. Der/Die Kursleiter/in schreibt alle eure Sätze an die Tafel. Nach dem Lesen schaut ihr nach, welche eurer Vermutungen sich bestätigt haben.

LOS ESPAÑOLES Y LOS VIAJES AL EXTRANJERO

¿Viajamos mucho los españoles al extranjero? El tópico en los países de nuestro entorno dice que no, y la realidad es que los españoles de este siglo nunca han tenido fama de viajeros. No hace muchos años la mayoría de los españoles que viajaba al extranjero lo hacía únicamente para encontrar un trabajo mejor y solo unos pocos con dinero iban a otros países para pasar las vacaciones. De hecho, aún hoy en día la mayoría de los españoles prefiere disfrutar sus vacaciones dentro del país, con la familia y, generalmente, en lugares de playa. Pero, desde hace unos años, la costumbre de hacer viajes al extranjero se ha extendido gracias al abaratamiento de las tarifas aéreas y a la mejora de la economía. Y viajamos desde muy pequeños: cada vez es más normal que los niños pasen un verano en Gran Bretaña o Irlanda para aprender inglés, o en Francia para aprender francés. Las becas Erasmus y Sócrates han permitido a miles de universitarios españoles realizar parte de sus estudios en el extranjero. Ahora, además, es muy difícil no encontrar grupos de españoles en cualquier capital europea durante las vacaciones de Semana Santa o de verano. Pero los países europeos no son los únicos escogidos por la gente que quiere conocer otros lugares: Hispanoamérica (especialmente México y Cuba) es uno de los destinos preferidos para escaparse durante una semana o quince días. Marruecos y, en menor medida, países como la India o Tailandia se encuentran también entre las preferencias de los españoles.

En general, el estereotipo se corresponde con verdad: no salimos tanto de nuestro país como los alemanes o los británicos, pero también es cierto que este estereotipo, como tantos otros, está desapareciendo poco a poco.

¿Y los días festivos? ______

¿A qué hora desayunas? ¿Antes o después de vestirte? ______

¿A qué hora empiezas a trabajar? ______

¿A qué hora sales del trabajo o de la escuela? ______

¿A qué hora tienes clase de español? ______

¿A qué hora es tu programa preferido de televisión? ______

¿A qué hora abren las farmacias en tu país? ______

¿A qué hora se cena en tu país? ______

¿Y tú? ¿A qué hora cenas? ______

¿Lees antes de dormir? ¿Hasta qué hora? ______

¿Escuchas la radio? ¿Cuándo? ______

¿Ves mucho la tele? ¿Cuántas horas al día? ______

¿A qué hora te acuestas? ______

16 Jesús Vera ist ein sehr systematischer Mensch, er macht jeden Tag dasselbe zur selben Zeit. Kannst du seine Aktivitäten in eine chronologische Reihenfolge bringen?

- ☐ Se acuesta a las once.
- ☐ Empieza a trabajar a las nueve.
- 1 Se levanta a las siete y media.
- ☐ Antes de desayunar hace un cuarto de hora de gimnasia.
- ☐ Después de hacer sus ejercicios de alemán, mira las noticias de la tele.
- ☐ A las diez y media come un bocadillo y toma un café en un bar, al lado de la oficina.
- ☐ Antes de acostarse escribe un par de páginas en su diario.
- ☐ Come con un compañero de trabajo a las dos y media.
- ☐ Después de cenar, estudia un rato alemán.
- ☐ Antes de cenar, navega una horita por Internet.
- ☐ Cena a las diez.
- ☐ Después de comer, juega una partida de ajedrez contra su ordenador.
- ☐ A las ocho y media coge el metro para ir a casa.
- ☐ Sale del trabajo a las seis menos cuarto.
- ☐ A las nueve y media llama por teléfono a su madre.
- ☐ Por la tarde va un rato a la biblioteca municipal y consulta libros hasta las ocho y veinte.

17 **Ein Reisebüro bietet folgende Reisen für den Monat November an.**

PORTFOLIO

DESTINO	VIAJE	DURACIÓN	SALIDA	TRANSPORTE	PRECIO	ALOJAMIENTO
FILIPINAS FASCINANTE		14 días	12 y 19/XI	avión y autocar	1740 euros	hoteles ****
NEPAL		17 días	13/XI	avión y coche	1870 euros	hoteles * y tiendas
PARÍS MONUMENTAL Y DISNEYLAND		6 días	2 y 6/XI	avión y autocar	480 euros	hoteles **
KENIA MINISAFARI		8 días	todos los miércoles	avión y 4x4	1570 euros	hoteles ****
GUATEMALA		16 días	5, 19 y 26/XI	avión y 4x4	2160 euros	tiendas y bungalows
CUBA		15 días	diario	avión y barco	950 euros	hoteles *** y bungalows

Fotografía **Cultura** **Mar y playa** **Buceo** **Aventura** **Naturaleza** **Trekking**

Die folgenden 4 Kunden erklären dir ihre Bedürfnisse und Vorlieben. Welche Reise empfiehlst du jedem von ihnen? Es gibt verschiedene Möglichkeiten. Begründe deinen Vorschlag.

1. JUAN RODRÍGUEZ PALACIOS

Mi mujer y yo empezamos las vacaciones el 4 de noviembre y tenemos 18 días. Y este año queremos salir de Europa: África o América Latina... Nos interesa mucho la historia y la cultura. También nos encanta hacer excursiones, acampar y el contacto con la naturaleza.

2. MARÍA ZARAUZ BENITO

Somos tres chicas, compañeras de trabajo. Queremos unas vacaciones tranquilas. Descansar en un buen hotel, hacer algo de deporte, quizá... Queremos buen tiempo y playa. Y no queremos gastar más de 1050 euros por persona.

3. ÁNGEL TOLOSA DÍAZ

Viajamos dos parejas y tres niños. Y, claro, hay que encontrar un viaje para todos. Algo para los niños y algo para los mayores. Queremos estar una semana, más o menos, la primera semanade noviembre.

4. BERTA IBÁÑEZ SANTOS

Somos un grupo de amigos y queremos viajar unas dos semanas. Empezamos las vacaciones el día 9 de noviembre. Nos gustaría ir a un sitio diferente, especial, pero estar en hoteles buenos, cómodos. Somos todos mayores y no queremos mucha aventura, ¿sabe usted?

Yo le recomiendo el viaje a ______________ porque ______________________________

Yo le recomiendo el viaje a ______________ porque ______________________________

Yo le recomiendo el viaje a ______________ porque ______________________________

Yo le recomiendo el viaje a ______________ porque ______________________________

Aber vielleicht bist du noch unsicher, welche Reise du den Kunden empfehlen sollst. Formuliere einige Fragen, um sicher zu gehen, dass du ihren Geschmack triffst.

⑲ Lies den Text auf Seite 88 im Lehrbuch. Stell dir vor, Herr Wais ist ein Manager aus deinem Land ist und schreibt den Text neu. Welche Konflikte gäbe es zwischen ihm und einem spanischen Manager?

⑳ Sieh dir folgende Anzeigen an.

HOTEL MIRAFLORES

* * * * *

• Solárium y piscina.
• Hidromasaje.
• Situado en el centro de la ciudad y al lado de la playa.
• El hotel de lujo ideal para vacaciones o negocios.
• 100 habitaciones y 10 suites con vistas.
• Aire acondicionado en todas las habitaciones.

Hotel Nenúfares

* * * *

A cinco minutos del aeropuerto y junto al Recinto Ferial. Campo de golf y tenis.

Todos los servicios para un viaje de negocios.

Muy bien comunicado (tren y autobuses).

Tres restaurantes: cocina internacional, cocina típica regional y barbacoa en nuestra terraza.

HOSTAL JUANITO

Precios económicos.

• • •

Habitaciones con lavabo.

• • •

En el casco antiguo de la ciudad, en el barrio con más ambiente.

Für welches der drei Hotels ent-scheidest du dich ...?

– Si quieres un hotel muy lujoso, *el Miraflores.*
– Si te gusta mucho hacer deporte durante tus viajes, ______________
– Si quieres ver el mar, ______________
– Si quieres salir por la noche, ______________
– Si no quieres gastar mucho, ______________
– Si te interesa mucho la cocina, ______________
– Si te gusta nadar, ______________
– Si no quieres estar en el centro, ______________
– Si quieres una habitación muy grande, ______________
– Si es un viaje de trabajo, en avión, y vas a trabajar en una feria, ______________
– Si no quieres tener calor, ______________

Lernstrategien

Wenn du mit jemandem sprichst, musst du dir überlegen, was du sagst und wie du es sagst. Du kannst aber nicht alles vorher genau festlegen, denn gleichzeitig musst du auch auf das, was dein/e Gesprächspartner/in sagt, entsprechend reagieren, und das weißt du ja nicht im Voraus.

Ihr arbeitet nun zu zweit: A und B. Stellt euch vor, ihr seid in einem Reisebüro. Bevor ihr das Gespräch beginnt, müsst ihr eure Äußerungen vorbereiten.

A: CLIENTE

Has visto este anuncio en el periódico y vas a la agencia de viajes para informarte bien. Antes, decide qué fechas quieres ir y cuánto quieres gastarte en total.

Fechas en las que quieres ir: ______________________

Dinero que quieres gastarte: ______________________

¿Vas a ir solo o acompañado? ______________________

VIAJES MARISOL

¡Todo el año!

10 días en Ibiza

Vuelo + Hotel de **, *** y ****

(excursiones a Mallorca y a Menorca)

¡PRECIOS INCREÍBLES!

B: EMPLEADO/A

Trabajas en la Agencia Marisol y ofreces los viajes a Ibiza del anuncio durante todo el año. Un cliente va a venir a preguntar por los viajes. Pero antes tienes que decidir:

¿Qué días de la semana hay vuelos desde la ciudad donde estáis? ____

____

¿Hay fechas en que está todo completo? ______________________

¿Cuánto cuestan? ______________________

¿Cuánto cuesta cada tipo de hotel por persona y noche? ________

____

¿Hay ofertas para niños, grupos, etc.? ______________________

In Übungen wie dieser entscheidest du, was du sagst und wie du es sagst, aber zugleich musst du auch berücksichtigen, was dein/e Gesprächspartner/in sagt. Glaubst du nicht auch, dass dies eine gute Möglichkeit ist, Gespräche zu trainieren, wie sie „im richtigen Leben“ in der Fremdsprache ablaufen?

Y en particular:

Gramática					
Vocabulario					
Fonética y pronunciación					
Lectura					
Audición					
Escritura					
Cultura					

Diario personal

La unidad GENTE QUE VIAJA contiene mucha información sobre aspectos culturales. Me ha interesado especialmente saber que ____, y también me han gustado ____.

los textos sobre ____.

Con respecto a estas cosas, yo pienso que ____. Creo que

Me ha parecido muy útil aprender a ____.

necesito trabajar un poco más sobre ____

gente de ciudad

1 Hör dir diese Beschreibung der Stadt Salamanca an. Kannst du danach versuchen, die fehlenden Begriffe im Text zu ergänzen?

SALAMANCA (ESPAÑA)

Con sus 186 323 ________________, SALAMANCA es una ciudad española de ________.
Está ________________ a unos 200 Km al oeste de Madrid y ________ al este de la frontera portuguesa.

El Puente Romano, las dos ____________, la ____________, la Universidad y cantidad de ________, conventos, ____________ y edificaciones antiguas hacen de Salamanca uno de los conjuntos monumentales de ____________ y belleza de España.

La ________ ha aumentado en los últimos años: existen industrias de ________, textiles, mecánicas y metalúrgicas. Pero la importancia de Salamanca reside principalmente en su carácter de ____________.
La Universidad de Salamanca es una de las universidades más ____________ de Europa junto con las de Bolonia y París y sigue siendo, ________, una de las más importantes de España.
El gran número de estudiantes, tanto españoles ____________ ________, le da a la ciudad su carácter especial: una ________________ intensa y ________, a todas horas.

________________ es continental con ____________ y veranos calurosos.

2 Erstelle eine Liste mit den wichtigsten Vor- und Nachteilen deines Wohnortes.

ASPECTOS POSITIVOS

Es un/a pueblo/ciudad muy ____________
________________________.
Hay ________________________.
Se puede ________________________.
La gente ________________________.

ASPECTOS NEGATIVOS

En ________ hay demasiado/a/os/as ____________
________ y demasiado/a/os/as ____________.
Por otra parte, no hay suficiente/s ____________
____________ ni ____________.
La gente es un poco ________________.

3 Du hörst nun 10 Fragen über deinen Wohnort. Hör zu und mach dir Notizen für deine Antworten. Hör die Fragen danach noch einmal und versuche, mündlich zu antworten, ohne auf deine Notizen zu sehen.

Ahora la gente vive más años.

6 **Dies sind die bevölkerungsreichsten Länder der Erde. Notiere sie in einer Rangfolge, beginnend mit dem Land, das deines Erachtens die meisten Einwohner hat.**

México	Brasil	China	Indonesia	Rusia	Estados Unidos
India	Alemania	Pakistán	Nigeria	Bangladesh	Japón

Du hörst nun die tatsächlichen Einwohnerzahlen und kannst überprüfen, ob deine Vermutungen richtig waren. Schreibe nun die Angaben in Zahlen auf.

HABITANTES	EN CIFRAS	HABITANTES	EN CIFRAS
mil ciento noventa millones	*1 190 000 000*	ciento veintiséis millones	________
novecientos trece millones	________	ciento veinticuatro millones	________
doscientos sesenta millones	________	ciento diecisiete millones	________
ciento noventa millones	________	ciento siete millones	________
ciento cincuenta y nueve millones	________	noventa y dos millones	________
ciento cuarenta y ocho millones	________	ochenta y un millones	________

7 **Kreuze an, was du hiervon gerne machen bzw. sein würdest, und erkläre warum.**

A mí me gustaría tener mucho dinero para viajar por todo el mundo.

Ir a Marte.		
Viajar al pasado.		
Ser invisible.		
Adivinar el futuro.		
Cambiar de trabajo.		
Cenar con Brad Pitt.		
Tener mucho dinero.		
Vivir en una isla desierta.		
Salir en la tele.		

8 **Kannst du den Stadtplan mit folgenden Begriffen beschriften?**

parque · río · fábrica · línea de autobús · centro (de la ciudad)
centro comercial · puente · estadio · ayuntamiento · catedral

9 **Denk an deine Stadt (oder an eine andere, die du gut kennst). Gibt es dort diese Dinge? Schreibe einige Sätze wie in dem Beispiel.**

PORTFOLIO

Hay muchos parques.
No hay mucha vida nocturna.
No hay museos.

tráfico	turistas	colegios
latinoamericanos	parados	industria pesquera
carril bici	delincuencia	fábricas
rascacielos	problemas sociales	zonas verdes
contaminación	guarderías	iglesias
vida nocturna	atascos	hospitales
monumentos	mezquitas	centros comerciales
instalaciones deportivas	consumo de drogas	playas
cines	viviendas desocupadas	vida cultural
edificios antiguos	museos	personas de origen español

⓬ Dieser Text stammt aus dem Internet und gibt Informationen über Bogotá. Stell dir vor, du willst nach Kolumbien reisen, aber nur kurze Zeit in der Hauptstadt bleiben. Gib fünf Dinge an, die dich am meisten interessieren.

Atrás | Adelante | Detener | Actualizar | Página principal | Autorrelleno | Imprimir | Correo

Fundada en 1538 por Gonzalo Jiménez de Quesada, es desde 1819 la capital de la República de Colombia. Está ubicada en una amplia meseta a 2640 m sobre el nivel del mar, al pie de sus cerros titulares de Monserrate y Guadalupe. Su temperatura media es de unos 18 grados centígrados a lo largo de todo el año. Su población actual se estima en unos 6,5 millones de habitantes. Bogotá es la sede del gobierno central, del congreso y del poder judicial. Además se constituye en el centro económico y cultural del país.

Bogotá es hoy una ciudad en permanente proceso de modernización, que conjuga aspectos de la ciudad colonial que fue -en el barrio de La Candelaria- con la modernidad de una gran urbe -en la zona norte de la ciudad. Como muchas otras ciudades de países en desarrollo, Bogotá está llena de contrastes en cuanto a las condiciones de vida de sus habitantes, los estilos arquitectónicos, los medios de transporte, etc.

El visitante no debe dejar de ver el Museo del Oro, donde podrá apreciar la extraordinaria orfebrería de las diferentes culturas precolombinas. Debe conocer también las extraordinarias iglesias coloniales, como la de San Ignacio o la de San Francisco, en el tradicional barrio de La Candelaria. También podrá apreciar las nuevas tendencias en el campo de las artes plásticas en el Museo de Arte Moderno o en alguna de las muchas galerías que existen en la ciudad. Si le interesan los anticuarios, podrá visitar la calle 79, alrededor de la cual se ubican un buen número de ellos o recorrer el Mercado de las pulgas que se organiza en Usaquén (antiguo pueblo, hoy parte integral de la ciudad) todos los domingos.

Bogotá posee una intensa vida cultural, pero su atractivo se centra en ser una ciudad para hacer negocios. Colombia y, particularmente, Bogotá gozan de un extraordinario comercio, desarrollado últimamente en varios centros comerciales, que deben ser visita obligada de los viajeros. Entre ellos, cabe destacar el Centro Andino, Granahorrar, Unicentro y la Hacienda Santa Bárbara.

Bogotá tiene además fama como ciudad de buenos restaurantes. En efecto, el turista podrá encontrar muchos restaurantes de comida típica, internacional, en particular francesa o italiana, e inclusive rusa o japonesa. Podrá ir también a alguna de las obras de teatro que se ofrecen en la ciudad, asistir a un concierto o gozar de un buen aperitivo mientras escucha jazz en vivo en alguno de los múltiples bares de la Zona Rosa. Si desea divertirse por la noche, podrá ir a bailar a una de las discotecas de La Calera, desde donde podrá apreciar las luces de la ciudad.

13 **Du weißt nun schon viel über Spanien. Vergleiche es mit deinem Land im Bezug auf diese Aspekte:**

España es más grande que Italia pero tiene menos habitantes.

- el tamaño
- la comida
- la contaminación
- el clima
- los monumentos
- la calidad de vida
- el interés turístico
- la economía
- el carácter de la gente

14 **Erinnerst du dich an den Text von Seite 98? Du kannst dir aus ihm Anregungen holen, um hier nun eine Stadt zu schildern, die du gut kennst.**

15 **Hör zu und achte darauf, wie der Sprecher die Vokale in diesen Sätzen ausspricht. Fällt dir etwas auf?**

☐ laescuela	☐ estállí	☐ sehainstalado	☐ elcascoantiguo
☐ la/escuela	☐ está/allí	☐ se/ha/instalado	☐ el/casco/antiguo

16 **Kannst du diese Örtlichkeiten umschreiben und dabei en el que oder donde verwenden? Das ist eine gute Möglichkeit, um sich auf etwas zu beziehen, wenn man das richtige Wort nicht kennt.**

puerto → *un lugar en el que hay barcos*

playa	iglesia	guardería	gimnasio
zona industrial	cine	hospital	ayuntamiento
zona universitaria	discoteca	piscina	museo
parque	centro comercial	zona peatonal	centro de la ciudad
hotel	capital		

17 **Ein spanischsprachiger Freund hat dir diese E-Mail geschickt. Kannst du ihm eine Antwortmail schreiben?**

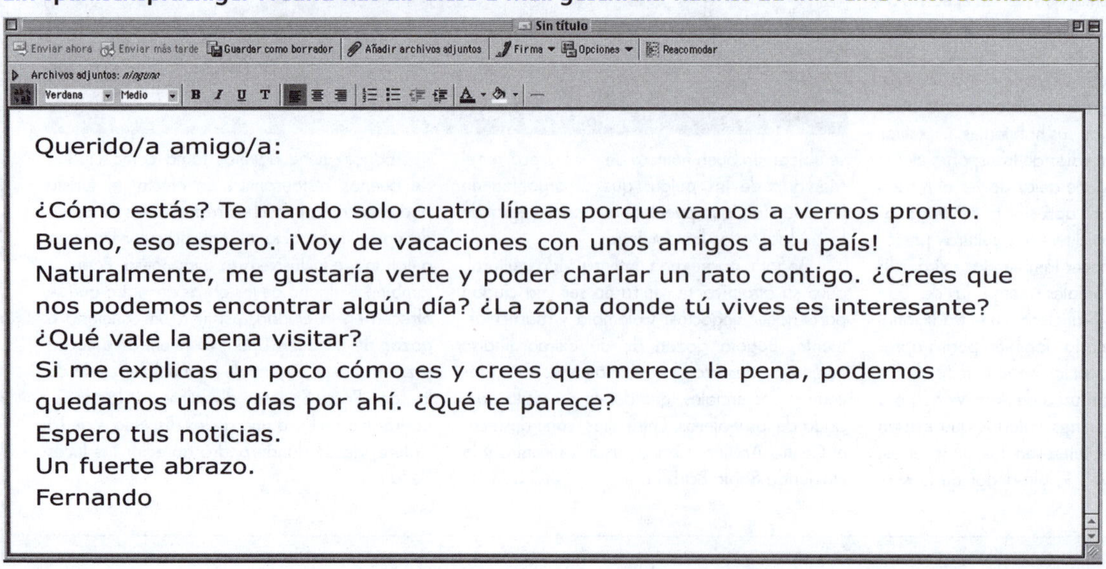

Querido/a amigo/a:

¿Cómo estás? Te mando solo cuatro líneas porque vamos a vernos pronto. Bueno, eso espero. ¡Voy de vacaciones con unos amigos a tu país! Naturalmente, me gustaría verte y poder charlar un rato contigo. ¿Crees que nos podemos encontrar algún día? ¿La zona donde tú vives es interesante? ¿Qué vale la pena visitar?
Si me explicas un poco cómo es y crees que merece la pena, podemos quedarnos unos días por ahí. ¿Qué te parece?
Espero tus noticias.
Un fuerte abrazo.
Fernando

Las desventajas del campo evidentes: los insectos, la falta de intimidad que suele haber en los pueblos, etc. Una solución intermedia, sin embargo, puede ser la ideal: alternar la vida en el campo y la ciudad. Pero esto no todo el mundo puede hacerlo, por razones tanto económicas (sale mucho más caro) como profesionales (uno se ve obligado a permanecer en la ciudad, o en el campo).

GRACIA MONTES,
Actriz de cine. Vive en un pueblecito de Segovia, a 115 Km de Madrid.

19 Hör zu, wie Gracia Montes mit einigen Freunden spricht. Sie äußern Ansichten zum selben Thema, aber tun sie es auch in derselben Form?

Das Gespräch ist die häufigste Form der Kommunikation zwischen Menschen. Wie du gesehen hast, enthält es ganz andere Merkmale als ein geschriebener Text. Achte auf folgende Elemente, die die Geprächs- partner verwenden.

Um ihre Meinung zu äußern, unterstützen die Sprecher sich gegenseitig,

- indem sie den Satz eines anderen zu Ende führen,
- indem sie Worte wiederholen, die der andere benutzt hat,
- indem sie sich vergewissern, ob sie die anderen richtig verstanden haben.

Um zu sagen, was man will, ist die Intonation genauso wichtig wie die Grammatik oder der Wortschatz.

Die gesprochenen Sätze haben einige Besonderheiten: sie sind nicht fehlerhaft, sondern dienen einem besonderen Ausdrucksvermögen:

- sie sind kürzer,
- sie enthalten Wiederholungen und Zögern,
- sie sind unvollständig.

In einem Gespräch ist es wichtig, mit den anderen Gesprächspartnern zusammenzuwirken und zwar auf der Ebene des Sprechens ebenso wie auf der nonverbalen Ebene (manchmal nur mit einem Wort oder einer Geste). Um sich erfolgreich und flüssig zu unterhalten, ist es besser, auf eine gute Verständigung zu achten als nur auf Grammatikfehler.

Autoevaluación

En general:

Mi participación en clase				
Mi trabajo en casa				
Mis progresos en español				
Mis dificultades				

Y en particular:

Gramática					
Vocabulario					
Fonética y pronunciación					
Lectura					
Audición					
Escritura					
Cultura					

Diario personal

En la unidad GENTE DE CIUDAD he aprendido (muchas / bastantes / algunas cosas) sobre las ciudades en las que se habla español. (Son / no son) muy diferentes a las de mi país. En la clase hemos trabajado en grupos y ____________________ ____________________.

El problema es a veces ____________________ ____________________. Uno de los objetivos de esta unidad es aprender a debatir y en mi grupo hemos discutido en español (mucho / poco / no suficientemente). (Todos / no todos) han participado mucho.

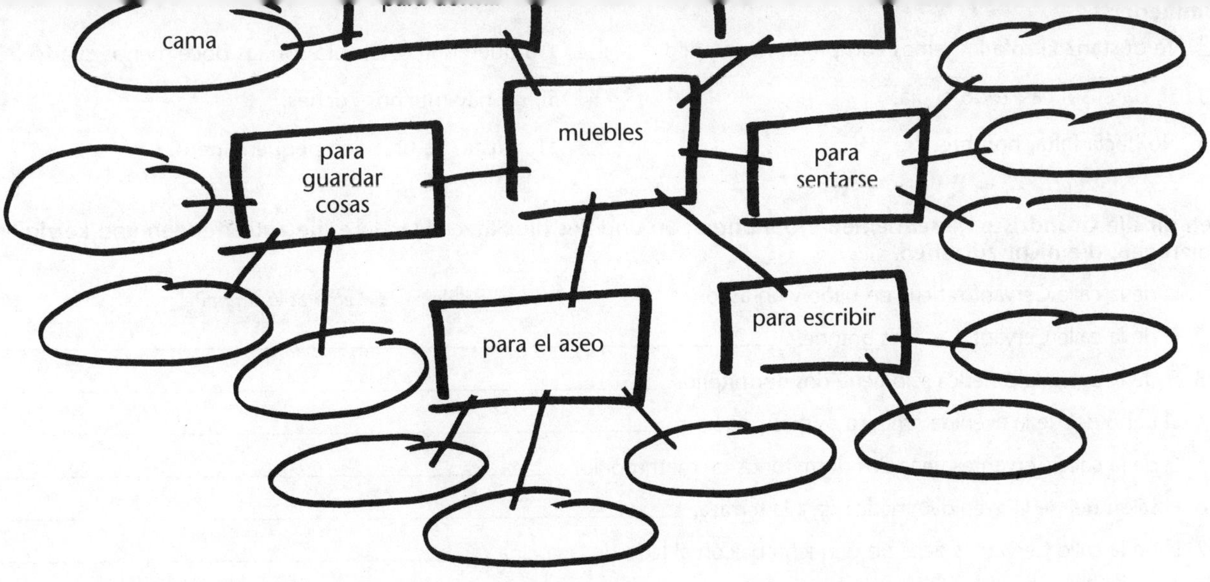

2 Familie Velasco Flores aus dem Lehrbuch (S. 101), möchte dir ihr Haus einschließlich der Möbel verkaufen. Aber du willst nicht alle Möbel haben. Notiere hier deine Auswahl.

¿QUÉ MUEBLES LES COMPRAS?

el armario

¿CUÁLES NO QUIERES?

Wenn du nun in das Haus der Familie Velasco ziehst, welche Möbel brauchst du noch bzw. musst du neu kaufen? Du kannst ein Wörter-buch zu Hilfe nehmen.

Una estantería más grande para el estudio.

3 **Stell dir vor, du musst acht Personen vorstellen. Entscheide selbst, welche Beziehung du zu ihnen hast, und formuliere Sätze wie in diesem Beispiel.**

Esta es Beatriz, una amiga argentina. Está pasando unos días con nosotros.

Esta Este Estos Estas	es son	Beatriz Charo César Gloria Emilio y José Ana y María los señores Barrios	sobrino/a/os/as. primo/a/os/as. vecino/a/os/as. amigo/a/os/as. compañero/a/os/as. amigo/a/os/as de Madrid. amigo/a/os/as argentino/a/os/as.	Está/n pasando unos días con nosotros. Trabajamos juntos. Vive/n aquí al lado. Vive/n con nosotros. Está/n de viaje y ha/n venido a vernos. Está/n aquí de vacaciones.

4 **Einige Freunde sind bei dir zu Besuch. Hör zu, was sie sagen, und suche die passende Antwort aus, indem du die Sätze nummerierst.**

- ☐ ¿Te gustan? El sofá lo hemos comprado hace poco.
- ☐ Sí, da el sol casi todo el día.
- ☐ No hacía falta, hombre.
- ☐ ¿Ya queréis iros? Si solo son las doce menos cuarto...
- 1 Sí, no hay muchos coches.
- ☐ ¿Te gusta? Es un poco pequeña pero...

5 **Sieh dir die Grundrisse dieser beiden Wohnungen an und lies die Sätze. Markiere die zutreffenden und korrigiere diejenigen, die nicht zutreffen.**

1. El de la calle Cervantes tiene un baño y un aseo. *No, no es verdad. Tiene solo un baño.*
2. El de la calle Cervantes es más grande. ____________________
3. El de la avenida América sólo tiene dos dormitorios. ____________________
4. El baño del de la avenida América es más pequeño. ____________________
5. El de la calle Cervantes tiene dos dormitorios de matrimonio. ____________________
6. El salón del de la avenida América da a la terraza. ____________________
7. El de la calle Cervantes tiene un pequeño balcón al lado de la cocina. ____________________
8. El salón del de la calle Cervantes es más grande que el del otro piso.

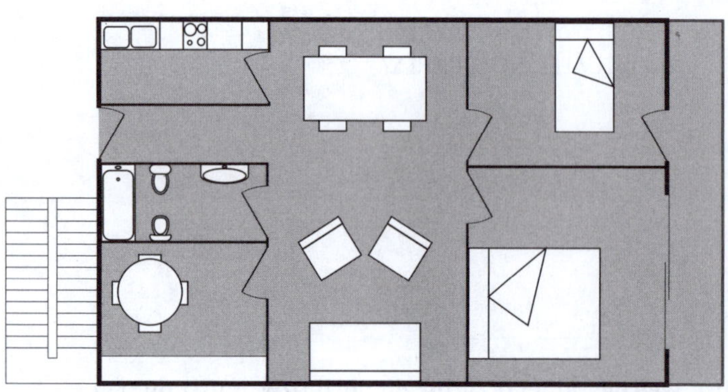

C/ Cervantes

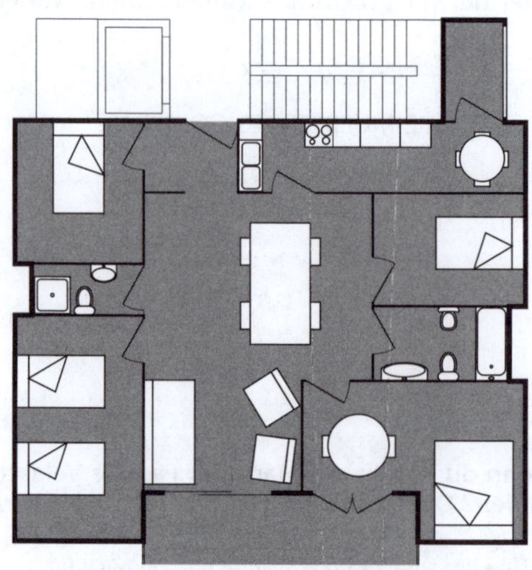

Avda. América

5. 2 hab. Muy lum. Zona tranquila

moderna. Piscina.

7 **Stell dir nun vor, du bist Immobilienmakler/in und sollst die Wohnungen der vorigen Übung vermitteln. Hast du etwas Passendes für diese Interessenten?**

Piso número ☐

Piso número ☐

Piso número ☐

Piso número ☐

8 **Einige Personen geben dir ihre Adresse. Hör zu und mach dir Notizen, denn danach sollst du die Anschriften auf die Aufkleber schreiben.**

9 **Diese Anschriften sind unvollständig. Welche Fragen musst du stellen, um sie zu vervollständigen?**

¿Cuál es tu segundo apellido?
¿En qué número vives? / ¿En qué piso vives?
¿Cuál es el código postal?

1 SANDRA GARCÍA ....
Calle Fernando VII, nº.....
.... MADRID

2 Susana Roche Gracia
Calle Pino, ...
.... SEVILLA

3 Benito Villa Salcedo
......................., 23, 2° A
.... BILBAO

4 Isabel MONTE ....
Avda de la Constitución, 31, ...
.... VALENCIA

5 C. MARCOS FUENTES
Plaza ...., 31........
....

10 **Stell dir vor, du willst deine Wohnung verkaufen. Schreibe eine Anzeige (aber ohne Abkürzungen). Wenn du willst, kannst du einen kleinen Grundriss mit der Bezeichnung der Räume hinzufügen. Dein/e Kursleiter/in sammelt die Texte**

PORTFOLIO

Piso de dos dormitorios. 60 metros cuadrados. Salón comedor y cocina reformada.
Finca antigua. Pequeño balcón. Barrio tranquilo. Vistas a un parque.

11 **Denk nun an fünf Personen, die du kennst (Freunde, Verwandte, etc.). Was glaubst du, tun sie gerade in dem Moment, in dem du diese Übung machst?**

NOMBRE	RELACIÓN CONTIGO	QUÉ ESTÁ HACIENDO
David	mi marido	Creo que está en casa preparando la cena.

12 **María geht sie telefonieren muss und ihr Telefon nicht funktioniert. Schreibe das Gespräch zwischen María und Laura auf (Carlos ist nicht zu Hause). Es können beispielsweise einige der folgenden Dinge geschehen.**

MARIA
- ☐ Saluda.
- ☐ Cuenta su problema.
- ☐ Pregunta por la familia de Laura.
- ☐ Da las gracias y se despide.

LAURA
- ☐ Saluda e invita a pasar a María.
- ☐ Le dice dónde está el teléfono.
- ☐ Le ofrece algo para beber.
- ☐ Se despide.

❍ ¿Está Toni?
● No está. ¿Quieres dejarle algún recado?
❍ ______________________

● No, no está. ¿Quiere dejarle algún recado?
❍ ______________________

❍ Ella no me conoce. Me llamo Fernando Gil. Quiero hablar con ella por unas clases.

❍ ¡Vaya! Soy yo, Fernando. Dentro de un rato lo llamo otra vez.

❍ No. Yo me llamo Fernando Gil. ¿Cuándo puedo encontrarla en casa?

❍ Sí, por favor. Ella no me conoce. Estoy interesado en recibir clases, y me han dado su número de teléfono. ¿Le dejo mi número y ella me llama?

❍ Soy yo, Fernando.

❍ No, no. Sólo que estoy en casa, si quiere llamarme otra vez.

14 Du bist in diesen fünf Fällen die Person, die eine Nachricht auf dem Anrufbeantworter abhört. Was machst du anschließend?

1. Eres Catalina Crespo: *Tengo que llamar a la productora.*
2. Eres Paca: ______________________
3. Eres María: ______________________
4. Eres Lourdes: ______________________
5. Eres María: ______________________

15 Du hörst einige Sätze. Gib an, ob die Personen sich duzen oder siezen.

TÚ	USTED	TÚ	USTED	TÚ	USTED	TÚ	USTED	TÚ	USTED
❑	❑	❑	❑	❑	❑	❑	❑	❑	❑

16 Höre nun einige Anweisungen und frage nach wie im Beispiel.

¿Tengo que coger la línea cinco y bajar en la plaza de España?

17 **Ergänze die fehlenden Formen.**

TÚ	USTED
Pasa, pasa.	Pase, pase.
____________	Siéntese, por favor.
Oye, por favor...	____________
Come un poco más de tarta	
____________	Siga por esta calle todo recto.
____________	Coja el teléfono, por favor.
Dame tu dirección.	____________
Calla, calla; escucha lo que dicen.	____________
____________	Váyase ahora mismo.

18 **Während du in Urlaub bist, bleibt ein Freund von dir zu Hause. Schreibe ihm eine Notiz, was er in deiner Wohnung tun soll und verwende den Imperativ oder tienes que + Infinitiv. Hier einige Vorschläge, du kannst sie ergänzen oder andere hinzufügen.**

Por favor: riega las plantas del salón. También tienes que...

Regar las plantas del jardín / de dentro / de la terraza...
Cerrar el gas / el agua / las ventanas... al salir.
Dar de comer a los peces / al gato...
Comprar...
Sacar el correo del buzón.
Sacar a pasear al perro.
Abrir el correo electrónico.

19 **Du hast drei andere Kursteilnehmer/Innen zum Essen eingeladen. Erkläre Ihnen, wie sie vom Unterricht aus zu dir nach Hause kommen. Eine/r geht zu Fuß, eine/r kommt mit dem Auto und eine/r will öffentliche Verkehrsmittel benutzen.**

A pie no se puede. Está demasiado lejos...

20 **Hör zu und achte darauf, wie die Buchstaben B und V in diesen Wörtern klingen. Gleich oder verschieden?**

PORTFOLIO

V: lava, la vecina, avenida, novio

B: habitación, sabe, abuelo, nube

Einige Konsonanten werden unterschiedlich ausgesprochen, je nachdem in welcher Umgebung sie stehen. Klingen sie in 1 und 2 gleich? Kannst du eine Regel formulieren?

1: barrio, vino, barco, viaje

2: lava, cabo, sabe, Álava

Das gleiche geschieht mit G und D. Hör genau zu.

gato, guerra, garcía — pagar, agosto, hago

diez, dar, diferente — cada, hablado, poder

an, die du siezt. Kannst du dir vorstellen, von wem sie geduzt werden?

Nun machst du dasselbe mit der anderen Liste: wer redet diese Leute mit „Sie" an?

Außerdem kann die Anredeform von der Situation abhängen. Ein Richter und seine Tochter duzen sich, aber wenn sie als Zeugin im Gericht auftritt, werden sich die beiden siezen.
Kannst du dir andere vergleichbare Situationen vorstellen?

22 Du fährst nach Spanien, um dort Freunde zu besuchen. Du bist zum ersten Mal bei ihnen, aber sie waren zuvor schon bei dir zu Hause. Wen sprichst du mit **tú** und wen mit **usted** an? Warum? Achtest du auf irgendetwas, bevor du dich entscheidest?

TÚ	USTED	
❑	❑	A la azafata del avión.
❑	❑	A una joven de 16 años que viaja con sus padres en el asiento de al lado.
❑	❑	A los padres de esta joven.
❑	❑	A tus amigos.
❑	❑	A los padres de tus amigos.
❑	❑	A la abuela de tus amigos.
❑	❑	A los vecinos de tus amigos.
❑	❑	Vas con tus amigos a un restaurante: a los camareros.
❑	❑	Vas a un bar de gente joven que hay junto a su casa: al camarero.
❑	❑	A un policía joven, de tráfico, que te pide la documentación.

Um sich gut zu verständigen, reichen Grammatikregeln nicht aus. Es gibt auch gesellschaftliche Regeln, die für den Sprachgebrauch wichtig sind. Sie erlauben uns, uns der Situation angemessen zu verhalten und uns je nach Zeitpunkt, Ort, Gesprächspartner etc. unterschiedlich auszudrücken.

PORTFOLIO

Autoevaluación

En general:				
Mi participación en clase				
Mi trabajo en casa				
Mis progresos en español				
Mis dificultades				

Y en particular:					
Gramática					
Vocabulario					
Fonética y pronunciación					
Lectura					
Audición					
Escritura					
Cultura					

Diario personal

Después de haber trabajado con la unidad de GENTE EN CASA, mi imagen de España y de los españoles (es la misma que antes / ha cambiado) ________________. Esto es así porque ________________________________. En GENTE EN CASA he visto cómo viven los españoles, cómo son sus casas, qué hacen cuando tienen invitados. Ahora creo que (sé / puedo / soy capaz de...) ________________________________.

La verdad es que, en este aspecto, entre España y mi país (hay / no hay) diferencias: allí, ________________________ y aquí ________________________.

1969: N. Amstrong pone el pie en la Luna.
1961: Gagarin, primer "hombre del espacio".
1923: J. de la Cierva inventa el autogiro, precursor del helicóptero.
1919: Leonardo Torres Quevedo inventa el transbordador de las Cataratas del Niágara.
1864: Narcís Monturiol crea el Ictíneo, uno de los primeros submarinos del mundo.

de Medicina.

VIDAS DE FAMOSOS

1997: Boda en Barcelona de la Infanta Cristina y el jugador de balonmano Iñaki Urdangarín.
1997: Muerte de Lady Di.
1968: Boda de Jacqueline Kennedy con A. Onassis.
1956: Boda de Rainiero y Grace Kelly.

ACONTECIMIENTOS SOCIALES Y POLÍTICOS

1978: Acuerdos de Camp David entre Egipto e Israel.
1969: Dimisión de De Gaulle.
1962: Independencia de Argelia.
1957: Tratados de Roma: nacimiento de la CEE y del Euratom (Europa de los Seis).
1945: Conferencia en Yalta. Stalin, Roosevelt y Churchill. Acuerdo sobre la creación de la ONU.
1945: Firma de la carta de la ONU, en San Francisco.

MAGNICIDIOS

1995: Isaac Rabin
1986: Olof Palme
1978: Aldo Moro
1967: Che Guevara

	Primer concursante	correcto	incorrecto	Segundo concursante	correcto	incorrecto
1ª pregunta						
2ª pregunta						
3ª pregunta						
TOTAL						

2 Wo und wann hast du folgende Dinge zum ersten Mal gemacht?

PORTFOLIO

	¿DÓNDE?	¿CUÁNDO?
1. Comer paella	*Comí paella por primera vez en Tenerife.*	*Fue en 1995.*
2. Ir en bicicleta	*No me acuerdo.*	*Fue hace muchos años.*
3. Subir a un avión		
4. Estar en un país de lengua española		
5. Viajar en barco		
6. Estar en una isla		
7. Conocer a un español o hispanoamericano		
8. Pasar unas vacaciones sin la familia		
9. Ir a una boda		
10. Votar en unas elecciones		
11. Ver un gran espectáculo		

3 **Füge bei den Sätzen der vorigen Übung Begleitumstände und Kommentare hinzu, so wie hier angegeben.**

POR PRIMERA VEZ	CIRCUNSTANCIAS	COMENTARIOS Y VALORACIONES
Primer concierto: Rolling Stones (1973).	Yo tenía 14 años.	Me gustó mucho.
...	...	...

CIRCUNSTANCIAS
- Yo tenía ... años.
- Yo era un niño de ... años / Yo ya era mayor...
- Yo estaba con unos amigos / mis padres / solo/a...
- Había mucha gente / No había mucha gente /... Había unas ... personas...
- Hacía frío / calor / mal tiempo...
- Allí estaba...
- Yo estaba un poco nervioso / muy asustado / bastante contento...

COMENTARIOS Y VALORACIONES
Me gustó mucho.
Me encantó.
No me gustó nada.
Me pareció un poco aburrido / una tontería...
Me pareció muy interesante / divertido...

4 **Du hörst nun 10 Satzanfänge. Kreuze an, wie die Sätze wohl weitergehen.**

1. ❑ a) pero no sé escribirlo.
   ❑ b) al principio de la conferencia, y luego se expresó en inglés.
2. ❑ a) con una beca que me ha dado el Ministerio de Educación y Ciencia.
   ❑ b) y luego regresó a su país.
3. ❑ a) pero no le gustaba mucho y buscó un puesto en un periódico.
   ❑ b) pero no me gusta mucho y me gustaría trabajar en la televisión.
4. ❑ a) la playa no me gusta.
   ❑ b) allí conoció a su novio.
5. ❑ a) lo siento; había mucho tráfico.
   ❑ b) por eso no escuchó las palabras del Presidente.
6. ❑ a) sus amigos tomaron el ascensor.
   ❑ b) no me gusta usar el ascensor.
7. ❑ a) hacía mucho frío, pero no se movió de allí.
   ❑ b) si tienes un problema, me llamas y voy a ayudarte.
8. ❑ a) sus amigos le esperaban en un restaurante y él iba a llegar tarde.
   ❑ b) el de mi casa no funciona bien.
9. ❑ a) vio las noticias de la tele y se fue a dormir a las 11.
   ❑ b) veo las noticias de la tele y me voy a dormir temprano.
10. ❑ a) así me entero de lo que pasa en el mundo antes de leer el periódico.
    ❑ b) pero no escuchó ninguna noticia sobre el accidente de tren.

5 **Du hörst nun 10 Personen. Gib durch entsprechende Nummerierung an, welcher der folgenden Sätze jeweils die logische Forsetzung von dem ist, was sie sagen.**

❑ a) Vio *La Maja desnuda* de Goya. Le gustó mucho.
❑ b) Pero hacía frío y no me bañé.
❑ c) Vi *Las Meninas* de Velázquez. Me gustó mucho.
❑ d) Había muy poca gente pero me encontré con unos amigos.
❑ e) Y en 1971 se casó con ella.
❑ f) Ganamos 3 a 0.
❑ g) ¿Estabas enfermo?
❑ h) Ganó 3 a 0.
❑ i) Pero hacía frío y no se bañó.
❑ j) Y en 1970 me casé con ella.

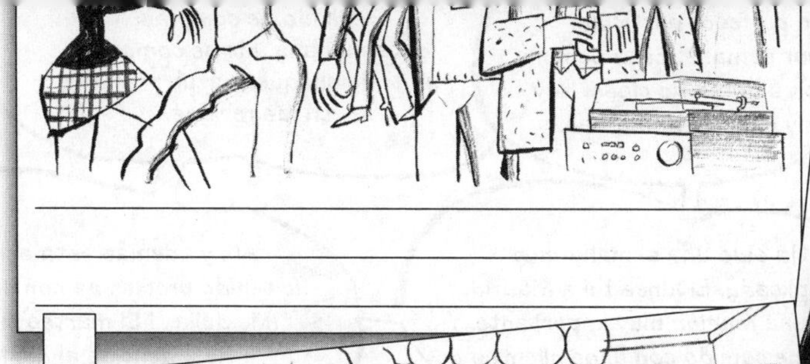

8 **Hör die drei Geschichten noch einmal und schreibe folgende Sätze unter das jeweils passende Bild.**

De pequeños, eran vecinos y jugaban juntos.
Él sabía que ella hacía teatro.
Él tenía un perro.
Él era el sobrino del profesor de ella.
Él y ella estaban bailando.
Ella un día estaba regando las plantas.
Él estaba en un grupo de teatro y necesitaban una chica.
Después de la fiesta fueron paseando hasta el hotel.
Estudiaban juntos en el mismo instituto.

9 Schreibe in dein Tagebuch (siehe dazu die Seiten 112 und 113 im Lehrbuch) drei kurze Abschnitte über:
lo que has hecho hoy, lo que hiciste ayer y lo que hiciste el sábado pasado.

10 Stell dir vor, heute ist Donnerstagabend, der 14. Dies hat Valentina in den letzten Tagen gemacht. Aber sie hat ein schlechtes Gedächtnis. Schau, was sie einer Freundin erklärt, und korrigiere ihre Irrtümer, so wie im Beispiel.

No, esta mañana no ha jugado a squash con Herminia, jugó ayer.

LUNES 11
8h – 9h clase de ruso
12h reunión con el Sr. Palacio
19h dentista

MARTES 12
Viaje de trabajo a Madrid
De compras en Madrid: traje chaqueta azul en las rebajas
22h Fiesta de cumpleaños de Gabriel

MIÉRCOLES 13
Comida con el jefe y unos clientes belgas
Partido de squash con Herminia
Cena con Alfredo en una pizzería

JUEVES 14
de 9h a 11h clase de ruso
Comida con Isabel, una vieja amiga
Peluquería
Supermercado

11 Stell dir vor, du sollst für deine Schule oder Firma diesen Fragebogen ausfüllen.

1. ¿En qué año nació usted? En mil novecientos sesenta y seis.
2. ¿Cuándo empezó la escuela primaria? ______
3. ¿Cuál fue su primer trabajo? ______
4. ¿Cuándo empezó a estudiar español? ______
5. ¿En cuántas empresas ha trabajado? ¿Cuánto tiempo? ______
6. ¿Ha vivido en el extranjero? ¿Dónde? ¿Cuánto tiempo? ______
7. ¿Desde cuándo vive usted aquí? ______

C **E**ste pueblo es una civilización aún viva, que ha pas...
prehistórica a la moderna. Sus antecesores vivían en zonas muy frías, por eso no disponían de muchos recursos naturales; por ejemplo, no tenían madera.

No conocían la escritura, pero su cultura era una de las más ricas culturas prehistóricas: construían casas de hielo, fabricaban canoas y tiendas de piel de reno para el verano, podían andar fácilmente por la nieve gracias a sus botas impermeables y se protegían del sol con unas gafas de hueso...

Aunque no tenían caballos ni carros, viajaban en unos trineos tirados por perros, un medio de transporte muy particular para desplazarse por la nieve.

Se alimentaban fundamentalmente de los animales que cazaban y pescaban. Creían en unos dioses que controlaban la caza y la pesca, al igual que la salud y la vida de las personas. También creían que todos los elementos de la naturaleza tenían un alma como las personas.

Se llamaban a sí mismos "inuit", es decir, "los hombres", aunque la civilización occidental los conoce por otro nombre. Vivían en comunidades pequeñas, agrupados por familias, sin jefes ni jerarquía.

Creían en una vida después de la muerte, por eso preparaban a los muertos para esa vida.

La clase sacerdotal era muy numerosa y tenía gran influencia social, económica, política e intelectual: sus miembros eran los responsables del mantenimiento y funcionamiento de los templos, pero también realizaban otras actividades: eran médicos que curaban a los enfermos, y también magos que interpretaban los sueños.

1

2

3

Unterstreiche nun alle Verben, die im Imperfekt stehen, und schreibe ihren Infinitiv auf.

vivían ⟶ vivir

13 **Wann hast du folgende Dinge zum letzten Mal gemacht? Antworte mit Hilfe der angegebenen Zeitangaben.**

ayer · anteayer · anoche · el lunes / martes... pasado · la semana pasada · en 19... · el mes pasado · el año pasado · cuando era niño · no lo he hecho nunca

Anoche comí un plato excelente. Fui a cenar con mi novio.

LA ÚLTIMA VEZ QUE

- comer un plato excelente
- tener que decir una mentira
- conocer a una persona rara
- leer una buena novela
- llorar viendo una película
- perderte en una ciudad
- gastar demasiado
- perder una llave
- olvidar algo importante
- oír una buena noticia
- ver un paisaje especialmente bonito
- tener una conversación interesante
- escribir un correo electrónico
- tener una sorpresa agradable

14 **Denke an verschiedene Dinge, die sich in deinem Leben verändert haben und schreibe sie auf.**

Cuando era más joven fumaba, pero ahora no fumo.

15 **Alles verändert sich. Welche Veränderungen in den letzten 10 Jahren fallen dir zu diesen Themen ein?**

PORTFOLIO

TU CIUDAD O PUEBLO

LA NATURALEZA

LAS COMUNICACIONES

LAS RELACIONES INTERNACIONALES

LA VIDA COTIDIANA

LOS TRANSPORTES

LA TELEVISIÓN

LA POLÍTICA

1968	TERMINAR la I Guerra Mundial
1990	HABER un gran movimiento de estudiantes y obreros en Europa

17 **Stell dir vor, du könntest mit diesen Berühmtheiten ein Interview machen. Wem würdest du welche Frage stellen?**

¿Fueron difíciles sus primeros años en los Estados Unidos?

a ____________________

¿Cuándo habló por primera vez con Isabel la Católica?

a ____________________

¿Cuál fue su primer concierto fuera de su país?

a ____________________

¿Qué sintió al ver tanta gente en la Marcha por los Derechos Civiles?

a ____________________

Formuliere noch mehr Fragen an diese Personen. Welche berühmte Person aus der Geschichte oder Gegenwart würdest du am liebsten interviewen? Schreibe die Fragen auf, die du ihr stellen würdest.

18 **Denk dir die fehlenden Angaben in der Biografie dieses Popstars aus.**

Paz nació en 1958 en un pueblecillo de La Mancha. En aquella época en España ___. Pepe Candel, su padre, trabajaba en el campo. La vida en el pueblo ___.

Por eso, Pepe y su mujer decidieron irse a Bélgica. Entonces ___. Paz tenía en aquel momento dos años y ___. Cuando tenía solo 7 años participó en un concurso de la radio y ___; a los 21 ___. Así que dejó los estudios y empezó a ___. Decidió volver a España y se puso a ___. La productora discográfica "Chinchinpum" se fijó en ella y grabó su primer disco, que fue ___. Muy pronto ocupó el número 1 en todas las listas de ventas. Entonces fue cuando ___. Desde esa época, ___. Actualmente ___.

19 **Wenn wir den Kurs in zwei Gruppen teilen, können wir ein Raten um die Wette veranstalten.**

REGLAS DEL CONCURSO

- Cada equipo prepara, por escrito, diez preguntas sobre hechos del pasado, para hacérselas luego al otro equipo.
- Cada pregunta bien construida vale un punto. Solo valen las preguntas de las que se conocen las respuestas. El profesor las va a corregir antes de empezar el concurso.
- Cada respuesta acertada vale 2 puntos.
- Cada equipo tiene 2 minutos para pensar y discutir la respuesta.
- Gana el equipo que obtiene más puntos.

Todo el mundo corría, nadie sabía qué hacer, había mucho ruido... De pronto vi a Jaime. Subí en su coche y salimos corriendo. Luego, en la autopista, otra vez: controles de policía, atascos de coches, todo el mundo hacía sonar la bocina... Llegamos a casa cansados y nos fuimos a dormir sin cenar.

No tenía noticias de él desde hacía varios días, no me escribía, no me llamaba, yo llamaba a su casa pero nadie respondía, otras veces tenía puesto el contestador automático pero luego no me devolvía la llamada: cogí el tren y fui a verlo. Lo encontré bastante deprimido. Estuvimos juntos aquel fin de semana y me explicó sus problemas: ya sabes, lo de su padre, lo de su novia... Hice lo que pude por ayudarle.

Wenn du etwas hörst, achte nicht nur darauf, was gesagt wird, sondern auch darauf, wie etwas gesagt wird: der Rhythmus und der Tonfall der Sätze geben dir an, was wirklich wichtig ist und was eher nebensächlich.

Autoevaluación

PORTFOLIO

En general:

Mi participación en clase				
Mi trabajo en casa				
Mis progresos en español				
Mis dificultades				

Y en particular:

Gramática					
Vocabulario					
Fonética y pronunciación					
Lectura					
Audición					
Escritura					
Cultura					

Diario personal

Ya hemos terminado GENTE 1, y he aprendido ________________. Del ámbito de la vida y costumbres del mundo hispano me han interesado especialmente estos aspectos: ________________. En mi propia lengua puedo encontrar más información sobre estos temas: en una biblioteca o en las revistas y en los periódicos. También puedo obtener información en español hablando con personas o leyendo textos; en mi ciudad tengo estas posibilidades: ________________________________. También he aprendido a aprender mejor. (He aplicado alguno de los trucos, por ejemplo:... / No he aplicado ninguno, porque / y / pero...) ________________________. Ahora mis objetivos son ______________________.

Van de vacaciones a España.
FRANCE
ADUANA
MOC
6 horas después..
Mira, un cámping.
¿Eso es un cámping?
Sí, creo que sí... Sí, mira...

ES EL CÁMPING MEDITERRÁNEO, A 3 KM DE BENISOL. BENISOL ES UN PUEBLO EN LA COSTA MEDITERRÁNEA, UN TÍPICO PUEBLO TURÍSTICO.
CAMPING MEDITERRÁNEO
EN LA RECEPCIÓN DEL CÁMPING...
¿CUÁNTAS PERSONAS? ¿CUÁNTOS SON?
WIE VIEL...?
YO... NO... HABLO ESPAÑOL... SORRY, I DON'T SPEAK SPANISH... JE NE PARLE PAS...
CUATRO, CUATRO PERSONAS Y...
Y UN "CATO".
UN GATO, UN GGGGATO, CON GE...
SÓFOCLES
¿CÓMO?
EL GATO... EL GATO SE LLAMA SÓFOCLES.

SÍ, JAIME, EN ESPAÑOL...
SOY ALEMÁN PERO DE
ORIGEN ESPAÑOL. MI
MADRE ES ESPAÑOLA...
¿SEGUNDO APELLIDO?
NO TENGO.
SÍ, CLARO, CLARO.
¿SU PASAPORTE, POR FAVOR?
SÍ.
GRACIAS. ¿PUEDE RELLENAR ESTA FICHA, POR FAVOR?
NOMBRE: Jaime
APELLIDOS: Stein
NACIONALIDAD: Alemana
EDAD: 29
DIRECCION: 11, Pütrichstrasse, MÚNICH
TELÉFONO: 49 89 3445211
Nº DE PERSONAS: 4
VEHÍCULO: Autocaravana
MATRÍCULA: M-UA-321
ESTANCIA DESDE: 25 de julio **HASTA:**...
PLAZA: 216

CAPÍTULO 2

Alba es bióloga, pero está en el paro. Ahora está preparando su tesis doctoral y trabaja en el cámping de su tío Antonio, para ganar algo de dinero y ayudarle. Tiene 26 años y es soltera... Y, como veréis, es una mujer valiente y con mucha personalidad.

Antonio Gaviria, el tío de Alba, tiene unos 65 años. Es el propietario del cámping. Es una excelente persona: ayuda siempre a todo el mundo, es honrado y sincero. En resumen, una buena persona. Por eso, quizá, no es muy bueno en los negocios. Es viudo y vive con Alba en una casita, en el mismo cámping. Es muy aficionado a la jardinería. Cultiva orquídeas.

TAMBIÉN TRABAJAN EN EL CÁMPING TODAS ESTAS PERSONAS...

MANOLO, EL DEL BAR, Y CONCHA, SU MUJER.

ENRIQUETA, QUE TRABAJA EN EL SUPERMERCADO Y SU HIJO, NANI: UNA MUJER FANTÁSTICA.

Tere y Chus, las peluqueras. Simpáticas, alegres, y muy modernas... Coleccionan... amores.

Mario es el cocinero, especialista en paellas.

O LOS JENSEN, UNOS DANESES JUBILADOS, QUE VIVEN SEIS MESES EN COPENHAGUE Y SEIS MESES EN BENISOL.
VAMOS A LA PLAYA, ÓSCAR.
O LA SEÑORA BIBIANA, SU PERRO CHICHI Y EL SEÑOR ÓSCAR, CLIENTES DESDE 1964.
¿ESTO QUÉ ES?
HOY HAN LLEGADO CUATRO NUEVOS CLIENTES: JAIME Y SUS AMIGOS.

Jaime es arquitecto. Tiene 31 años y vive en Munich. Su madre es española pero vive en Alemania desde 1952. Emigrante, como muchos españoles. Por eso Jaime habla muy bien español. Mejor dicho, habla un español perfecto.
Es muy aficionado a la naturaleza y a la música, al jazz, especialmente. Toca el clarinete bastante bien. Es separado y, últimamente, está un poco deprimido. Se siente solo. Por eso está aquí, de vacaciones, en la costa española, con tres amigos: Martha, Eduardo y Uwe.
Eduardo es argentino. Tiene 36 años y también es arquitecto. Él y Jaime trabajan en el mismo estudio de arquitectura. Eduardo, en su tiempo libre escribe cuentos y canciones, unos textos muy buenos, piensa Jaime.
je veux
tu veux
il-elle veu
Uwe trabaja en un periódico. Es dibujante. Vive solo. Bueno, con Sófocles, su gato. Es tranquilo, sociable y alegre. No está casado, pero quiere casarse. Casarse es su problema: encontrar a la mujer de su vida. Ahora quiere encontrar novia en España. Pero no habla casi nada de español...
Eduardo vive con Martha, que es holandesa y profesora de francés, pero habla muy bien español. Martha es divorciada y tiene una hija de trece años, Eva. Eva vive con Martha y Eduardo, normalmente, pero ahora está con su padre, en Grecia.

quiero estar al lado del bar...
DOÑA ENGRACIA: Yo tampoco.
CARLITOS: Yo tampoco.
JESUSITO: Ni yo...
SILVIA: Pues yo sí...
IBARRA: Pues no tenemos nada más, lo siento...
MARTÍNEZ: ¿Cómo? ¿Cómo dice usted? Vengo a este cámping todos los veranos, tengo una plaza reservada desde marzo... Y usted quiere darme una plaza entre el bar y los servicios... ¡Muy bien, muy bien...! Quiero hablar con el director...
IBARRA: Yo soy el director. Y no hay más plazas libres. El cámping está completo. Lo siento...

A Ibarra le gusta sentirse importante. Le gusta la frase "yo soy el director".

ALBA: Perdona, José Luis, creo que... bueno, creo que tenemos tres plazas cerca de la playa...
MARTÍNEZ: ¡Quiero una plaza cerca de la playa! Como todos los veranos...
DOÑA ENGRACIA: Sí señor. Bien dicho, hijo mío... Queremos hablar con el director.

La abuela de los Martínez no oye muy bien.

CARLITOS: El director es él, abuela...
IBARRA: ¿Cúantas plazas? ¿Y dónde?
ALBA: La 35, la 29 y la 101...
IBARRA: Bueno, pues, la 35 ó la 29...
JESUSITO: Yo prefiero la 101. Está cerca de la piscina...

Todos los días hay problemas así. Alba cree que Ibarra no trabaja bien y que es antipático con los clientes. A Alba le gusta ser amable con la gente. Pero a su tío Antonio, el propietario del cámping, Ibarra le gusta.

El Camping Mediterráneo es un lugar agradable. Está en una playa turística pero bastante tranquila. Hay muchos pinos y el clima es fantástico. De junio a septiembre no llueve casi nada. Al lado del mar tampoco hace demasiado calor. Por suerte, cerca del cámping no hay muchas casas. Hay, sobre todo, campos de naranjos, que en primavera se llenan de flores blancas y naranjas.

El pueblo, Benisol, está a 3 kilómetros y la carretera termina en el cámping. Al lado del cámping hay una zona muy interesante desde el punto de vista ecológico. Es una zona muy húmeda donde paran muchas aves, en sus viajes hacia África y hacia el norte de Europa. En particular, el avetoro, un ave protegida.

Es un lugar fantástico y eso es un problema: el cámping interesa a mucha gente. Por ejemplo, a Duque, un conocido hombre de negocios de Benisol. Dicen que Duque tiene relaciones con la mafia.

Duque quiere construir en Benisol un centro de vacaciones. Tiene ya 7 hectáreas junto a la playa. Y ahora quiere comprar el Cámping Mediterráneo. Pero Antonio, el propietario, no quiere venderlo. Además, el Ayuntamiento de Benisol no quiere más apartamentos en esa zona. Es una región muy importante ecológicamente y con bastantes problemas ambientales.

Naturalmente, Vicente Gil, el alcalde, y Duque, el constructor, no son muy amigos.

Hoy están con Duque en su oficina Jacinto Cano, el arquitecto, y Omedes, su socio. Hablan del nuevo complejo turístico de Benisol y estudian el proyecto.

DUQUE: Aquí las piscinas, el restaurante y la discoteca... Y entre el edificio A y el B, tres pistas de tenis y un minigolf. Aquí el centro comercial...
JACINTO CANO: En total, 415 apartamentos, 35 bungalows... Y el hotel, claro: un hotel de 200 habitaciones.
DUQUE: Pero esos dos estúpidos...
JACINTO CANO: ¿Quiénes?
OMEDES: El propietario del cámping, Antonio, y el alcalde... Pero tenemos un buen amigo en el Cámping Mediterráneo...
JACINTO CANO: ¿Quién? ¿Ibarra?

DUQUE: Claro, Ibarra, el director. Necesitamos un nuevo director en el hotel, ¿no?

* * *

Mientras, Jaime y sus amigos están en el bar del cámping tomando una cerveza y organizando sus vacaciones.

JAIME: Mira, hay un castillo del siglo VIII, aquí cerca, a 5 Km.
EDUARDO: Sí, hay muchas cosas interesantes en esta región. Varias iglesias románicas, castillos, pueblos típicos...
JAIME: Sí, está bien... Playa, montaña, monumentos... Y estamos cerca de Valencia y de Barcelona.
MARTHA: Huy, huy, huy... Yo quiero descansar, tomar el sol, bañarme, leer novelas, escribir postales a los amigos... ¡Unas vacaciones tranquilas!
JAIME: Bueno, a mí la playa no me gusta mucho, ya sabes... Además, ¿no te interesa la historia, la cultura, conocer las costumbres de los españoles...? A ti te gusta mucho la pintura...
MARTHA: Sí, me interesa mucho el arte pero quiero descansar... Tú visitas ciudades, monumentos y museos... Y yo me voy a la playa, a leer novelas. Tengo dos novelas policiacas muy buenas. Por cierto, una es de un autor español, de Vázquez Montalbán.
EDUARDO: A mí también me interesa conocer un poco la región.
JAIME: Bueno, pues tú y yo hacemos alguna excursión...
MARTHA: Por mí no hay problema.
EDUARDO: ¿Tú qué prefieres ver? ¿Barcelona o Valencia?
JAIME: Pues no sé... ¿Y a ti? ¿Qué te interesa visitar?
EDUARDO: Yo prefiero ir a Valencia. Está más cerca, ¿no? Barcelona está un poco lejos...

En ese momento, Alba, la recepcionista, pasa al lado de los nuevos clientes y les da más información.

ALBA: Sí, Barcelona está un poquito más lejos. Unas dos horas en coche. Pero las dos ciudades son muy interesantes... En Barcelona: Picasso, Miró, Gaudí, buenos conciertos, ahora en verano... Y en Valencia hay muchas cosas para visitar también: un museo de arte contemporáneo importante, edificios góticos y palacios renacentistas... Un mercado modernista... ¡Y mucho ambiente por la noche!
JAIME: Gracias por la información.
ALBA: De nada. Bueno, adiós, que tengo mucho trabajo.

Alba vuelve a la recepción y Jaime y sus amigos siguen haciendo planes.

JAIME: ¿No te interesa ver la obra de Gaudí?
EDUARDO: Sí, claro.
MARTHA: Yo, mañana, me voy a la playa.
EDUARDO: Tranquila... Mañana no vamos a salir del cámping. Todos estamos cansados del viaje. Yo, por ejemplo, ahora me voy dormir una siesta.
JAIME: Mañana hay un concierto de "Los Terribles".
MARTHA: ¿Qué?
JAIME: Sí, hay un concierto, aquí en el cámping, aquí en el bar. Mira...

La llama y piensa: "¡Ufff! Una mujer muy interesante... ¡Pero muy aficionada al deporte!". Pero ella no le oye y sigue corriendo.

CAPÍTULO 4

Jaime y sus amigos están organizando su vida en el cámping. Tienen que ir de compras.

JAIME: ¿Vamos al supermercado del cámping o al pueblo?
MARTHA: El supermercado del cámping está bien... Necesitamos pilas para la radio, papel higiénico, detergente para la vajilla y para la ropa, agua mineral, pan...
UWE: Y... ¡cerveza!

Uwe ya sabe muchas palabras en español: "hola", "perdón", "buenos días", "cerveza", "sangría" y, naturalmente, "gato".

EDUARDO: ¿Vamos de compras tú y yo, Jaime?
JAIME: Vale. Yo también necesito varias cosas. ¿Tiene comida Sófocles?
MARTHA: No, no mucha... ¿Compráis una bolsa?
EDUARDO: Sí.
MARTHA: ¿Hay un quiosco en el cámping?
JAIME: No sé. ¿Por qué?
MARTHA: A ver si puedes comprar un periódico holandés.
EDUARDO: Creo que en el supermercado venden periódicos.
MARTHA: Si no, en el pueblo...
EDUARDO: Y creo que Uwe necesita un nuevo diccionario.
JAIME: Sí, ja, ja, ja...

Jaime y Eduardo van al supermercado del cámping. Jaime quiere comprarse un bañador. Va a la sección de artículos de playa y coge uno rojo, verde y amarillo, con palmeras y flores.

JAIME: Eduardo, ¿te gusta este bañador?
EDUARDO: ¿Para ti? Ja,ja,ja... No, no me gusta nada. Tú necesitas uno más serio.
JAIME: ¿Y este otro?
EDUARDO: Este es demasiado clásico.

Jaime quiere estar guapo esta tarde en la playa. Por eso se compra un nuevo bañador. Quizá Alba, esa mujer tan interesante que trabaja en el cámping, va a correr. Él todavía tiene su cinta del pelo. Hoy quizá pueda dársela y hablar un poco con ella. Finalmente, Jaime y Eduardo compran varias cosas. Entre ellas, el bañador de palmeras. Van a la caja a pagar.

JAIME: ¿Tienen películas de fotos?
CAJERA: Kikocolor, ¿le va bien?
JAIME: Sí, de 36 fotos, por favor...
CAJERA: Aquí tiene.
JAIME: Pues yo me llevo este bañador. A mí me gusta... ¿Cúanto vale?
CAJERA: A ver... 14 euros.
JAIME: Vale, me lo quedo.

* * *

Al cabo de un rato, los dos amigos vuelven con las bolsas del supermercado a la autocaravana. Uwe señala la bolsa de la comida de gato y pregunta...

UWE: ¿Comida de... perro?
EDUARDO: De gato, ga-to. Sófocles es un gaaa-to...
JAIME: ¿Ves? Necesita un nuevo diccionario... ¡No se lo hemos comprado...!
MARTHA: No. Uwe ha dicho "perro", "pe-rro". Y quiere decir "perro". Tiene un nuevo amigo.

Y es verdad: Uwe ha encontrado un perro abandonado.

–¿Los de Gaviria? Seiscientos mil euros, –dice Duque–. Depende...

–¡Seiscientos mil...! No está mal... ¿Y no quiere venderlos? ¿No quiere seiscientos mil euros? ¿Prefiere su cámping?

–Sí, es un romántico, un viejo loco... –explica Omedes.

–¿Y qué podemos hacer? –pregunta Cano, el arquitecto.

–Tranquilos... Yo tengo mis "métodos"... –explica Duque.

–También tenemos otro problema: Vicente Gil, el alcalde... –dice Omedes.

–No hay problema... Le hacemos un regalo. Un buen regalo y ya está.

–¿Tú crees? –pregunta Omedes–. Es un hombre muy serio, muy recto. ¡Ecologista...!

–¿Ecologista? ¿Y qué? Todo el mundo tiene un precio, ¿no? –dice Duque.

Duque no tiene una idea muy buena de la humanidad. Piensa que todo el mundo es como él.

–Le podemos pagar, por ejemplo, su próxima campaña electoral –explica el constructor a sus socios–. Hay elecciones en octubre, ¿no?

* * *

–Los que trabajan en el cámping también están organizando compras. Mañana, 28 de julio, es el cumpleaños de Alba (¡27 años!) y quieren regalarle algo.

–No es muy original... –opina Tere.

–No, nada original... ¡Un CD! –dice Mario.

–Siempre le compramos música –contesta Enriqueta.

Chus tiene una idea.

–¡Ya lo sé! Enriqueta, en la tienda tienes un bañador muy bonito, uno rojo, con palmeras verdes...

–Sí, lo tengo para hombre y para mujer. Acabo de vender uno... Es muy bonito, precioso...

–Pues a Alba le gusta, me lo ha dicho. Quería comprárselo...

–Pues es una buena idea, un bañador. Es un regalo original. ¿Sabemos su talla? –pregunta Tere.

–Es talla única –explica Enriqueta.

–Ah, perfecto. ¿Y cuánto cuesta? –dice Mario.

–Unos 25 euros, creo. No es caro. Unos tres euros cada uno...

–Pues, le compramos el bañador ese –decide "Chapuzas"–. ¿Y para la fiesta? ¿Qué hacemos? ¿Cómo lo organizamos?

Los compañeros del cámping le organizan a Alba una pequeña fiesta de cumpleaños, para después del concierto de "Los Terribles". Es una sorpresa. Alba no sabe nada. Pero no están todos los compañeros. Ibarra, no está.

– Yo puedo hacer unas pizzas... –dice Mario, el cocinero.

–Y yo hago un pastel... –añade Enriqueta, la de la tienda–. Un pastel de limón, que a ella le gusta mucho.

–Y yo le hago un dibujo –dice Nani, el hijo de Enriqueta.

–En el bar tenemos las bebidas. ¿Cava y cerveza? –dice Manolo.

–Sí, y zumos... –añade Concha.

–Pero el regalo se lo damos antes, ¿no? –comenta Tere.

–Sí, por la mañana.

Por la tarde, Jaime, con su fantástico bañador nuevo, un libro y la cinta del pelo de Alba, va a la playa. Pero hoy Alba tiene mucho trabajo en la recepción y no va a correr. Además, su tío Antonio está muy preocupado. Tiene problemas. Problemas con Duque. Y necesita hablar con Alba. En su hora libre, Alba va a casa de su tío para hablar un rato con él.

Antonio, le da a su sobrina, sin decir nada, una hoja de papel.

–Mira esto –dice.

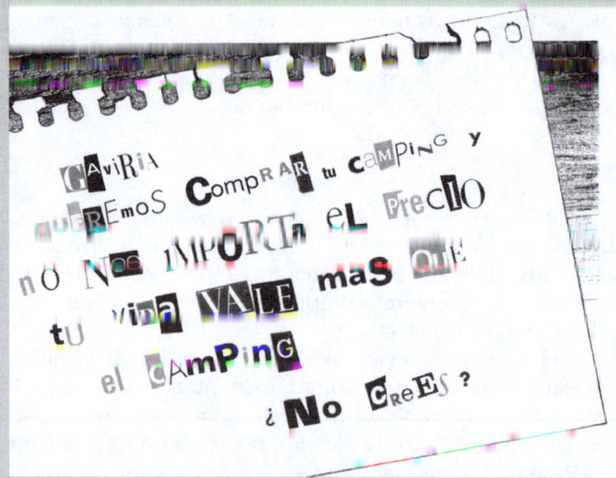

–Dios mío..., ¿qué es esto? –pregunta Alba–. ¿Es de Duque?

–Naturalmente.

–Es muy grave. Gravísimo... ¡Es una amenaza de muerte!

–Sí, sí lo es. Duque es peligroso. Pero yo no quiero vender el cámping. ¡No voy a venderlo! No necesito dinero, soy feliz aquí... Y me gusta Benisol tal como es. No quiero ver estas playas con edificios de quince pisos, como Benidorm o Torremolinos. Yo no le regalo el cámping a Duque ni a nadie... ¡No, ni hablar...!

–¿Qué podemos hacer? ¿Hablar con la policía?

–No... No tenemos pruebas, no tenemos nada. ¿Esta carta? Bah... Un papel, sin firma... Además, Duque tiene mucho poder. Solo podemos hacer una cosa: resistir.

–No sé, no sé... Tenemos que hacer algo.

Alba sabe que tiene que actuar, que tiene que ayudar a su tío. Pero no sabe cómo. ¿Quién puede ayudarla?

vacaciones –comenta Jaime.

–¿Tú? ¿Deporte? ¿Qué deporte? Si tú nunca haces deporte...

–Quiero correr, correr un poco por la playa y nadar. Quiero estar en forma... No estoy muy bien.

–Pero si no estás gordo... ¿O es que quieres encontrar novia también tú? Últimamente haces cosas raras, Jaime... Te compras bañadores "tropicales", quieres "estar en forma"... No sé, no sé... A ti te pasa algo... –dice Eduardo extrañado.

–¿A mí? No... Bueno, un poco de estrés, quizá. Y, ya sabes, no llevo una vida muy sana. Cuando vives solo... No tienes horarios regulares, no comes de forma sana... Una pizza, un bocadillo o un yogur de pie en la cocina, sin ni siquiera sentarte.

–Para llevar una vida sana, también es importante otra cosa...

–¿Qué?

–¡El amor, Jaime! ¡El amor...! El equilibrio anímico. La soledad no es buena.

–Sí, ya sé. Pero no es tan fácil encontrar pareja. Cambiando de tema, ¿jugamos un poco al tenis esta tarde? Hay una pista, aquí en el cámping.

–Bueno. Pero a las 7h ó a las 8h. Antes hace mucho calor...

–A las 7h, mejor. A las 8h tengo que ver a una persona.

–Aha... ¿Ya tienes amigos en el cámping?

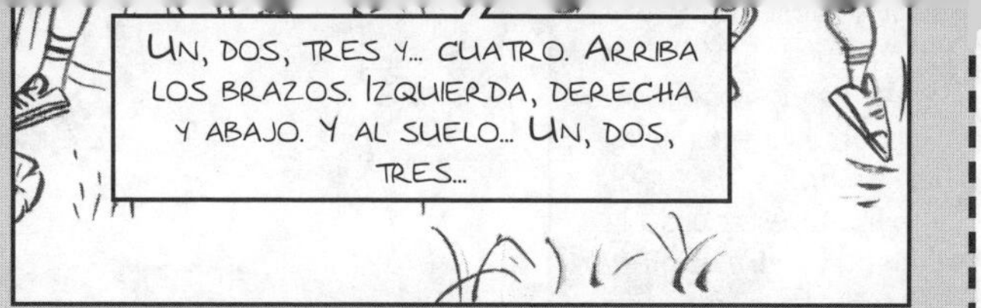

La familia Martínez también va a la playa por las tardes. Los niños juegan, y el señor Martínez echa una larga siesta. Martínez es camionero. Se pasa la vida en atascos y trabaja demasiadas horas. En el cámping es totalmente feliz: duerme mucho, come mucho y está con su familia. La señora Martínez también descansa. En la playa lee revistas con historias de princesas: los problemas de Carolina y Estefanía de Mónaco o de Julio Iglesias. Ella dice que solo en la playa puede descansar un poco. Una ama de casa española, con una familia de siete personas, no tiene una vida muy tranquila. "Nunca se habla del estrés del ama de casa", protesta ella. "Pero yo, por ejemplo, todos los días lavo unos catorce calcetines, pongo la mesa tres veces, hago seis camas, limpio dos cuartos de baño, compro un kilo y medio de pan... Soy chófer, profesora, cocinera, economista, señora de la limpieza, camarera, secretaria... O sea, ama de casa."

* * *

Por la tarde Jaime, después de jugar al tenis con Eduardo, va a la playa.

Allí están muchos de los clientes del cámping: la señora Bibiana y su marido, que dan todas las tardes un paseo por la playa. El médico dice que tienen que andar mucho, que andar es muy sano.

También están los Jensen, la pareja de jubilados daneses. A ella le gusta pescar y todos los días pesca alguna cosa. Su marido, mientras, lee tranquilamente libros de antropología.

Jaime se instala tranquilamente en la playa con su nuevo bañador. Nada un poco, lee un poco el periódico...

Al poco rato, como todos los días, Alba aparece en la playa corriendo. Jaime la ve a lo lejos y la llama... Ya sabe cómo se llama: Alba. ¡Qué bonito nombre! Quiere devolverle su cinta y hablar un poco con ella. "Es realmente una mujer interesante", piensa.

Jaime y Alba llevan el mismo bañador: con muchos colores y palmeras. Los dos bañadores son de la tienda del cámping. Jaime se pone rojo. La situación es un poco ridícula, pero divertida.

–Bonito bañador –dice Alba irónica.

–Sí, muy original... –responde él.

–El mío es un regalo de los compañeros del cámping. ¡Hoy es mi cumpleaños!

–¡Felicidades! ¿Cuántos?

–27.

–Mira tengo esto... Es tuyo, ¿no? –Jaime le da su cinta.

–Oh, gracias...

Los dos hablan un poco y Alba se sienta un rato en la arena, al lado de su nuevo amigo.

–¿Haces mucho deporte? –pregunta Eduardo.

–No, no mucho... Un poco, por las tardes. No tengo mucho tiempo.

–¿Trabajas muchas horas en el cámping?

–¿Muchas? Bufff... Todos los días, unas doce o trece horas. Somos pocos en el cámping y tenemos que trabajar duro. ¿Y tú? ¿A qué te dedicas?

–Yo soy arquitecto.

–¿Arquitecto? Mala gente –dice Alba.

–¿Mala gente? ¿Por qué somos mala gente los arquitectos?

–Bueno, no todos. Nosotros, aquí en el cámping, tenemos problemas con un arquitecto. Y especialmente con un constructor y su arquitecto.

–Ah, sí... ¿Qué problemas?

Alba necesita hablar, necesita explicar a alguien el problema de su tío. Y Jaime la escucha.

–Un constructor de Benisol, Duque se llama, quiere comprar el cámping. Es un hombre con mucho poder. Peligroso. Quiere construir, especular... Como siempre pasa en la costa española. Ya sabes: Benidorm, Torremolinos, Marbella, Baleares...

–Sí, edificios y más edificios...

–Mi tío es el propietario del cámping –explica Alba.

–Ah, no sabía...

–Y no quiere venderlo. Le gusta vivir aquí; el cámping es su vida. Además, no quiere ver Benisol destruido. Esta zona tiene mucho valor ecológico. Hay un parque natural, ¿sabes?

–Ah... ¿sí?

–Sí, aquí cerca hay marismas, una zona muy húmeda, donde paran muchas aves que vienen de África a Europa.

¡Qué interesante!

–En concreto hay una especie protegida, el avetoro... Y si encima construyen un complejo turístico...

–¿Te interesan estos temas?

–Mucho. Soy bióloga.

–¿Bióloga?

–Sí, pero es muy difícil encontrar trabajo. En verano trabajo aquí. Además, ahora estoy preparando la tesis. Sobre un tema de ecología marina, precisamente... ¡Huy, me tengo que ir! Son las ocho y media...

Jaime es muy tímido pero, en el último momento, dice:

–¡Qué pena...! Todo esto es muy interesante. Los turistas, a veces, no sabemos mucho sobre el país donde estamos y sus problemas... ¿Tomamos una copa luego?

Alba duda un poco (¡trabaja tantas horas!). Pero acepta: es importante sentirse bien con una persona. Y con este hombre se siente bien. Últimamente se siente sola. Necesita hablar.

–A las 11h hay un concierto... –dice Alba.

–¿Donde?

–En el bar.

–¿Nos vemos allí? –propone Jaime.

"Es verdaderamente una mujer atractiva", piensa cuando se queda solo. "¡Y qué ojos!", suspira.

* * *

Cuando Jaime llega a la autocaravana, sus amigos le dicen:

–Te sienta bien hacer deporte... Tienes buena cara.

–Sí, es verdad. ¡Estás guapo! –añade Martha.

Es normal. Para estar guapo, hay que estar contento. Y hoy, Jaime está contento. ¡Tiene una cita con Alba!

Uwe, por su parte, sigue estudiando español.

–A-del-ga-tsar...

–A-del-ga-zzzzar...

–Ya... Adelgazar. Quiero adelgazar... –repite Uwe.

–¡Creo que le gusta una compañera de la clase de aeróbic! –dice Martha muerta de risa.

–Sí... Y la peluquera.

–Ah, ¿sí? ¿También?

–También. Me lo ha dicho.

verano, de secretaria y... Bueno, nada más. En un cámping no he trabajado nunca...

–No importa, no importa. Aquí necesitamos alguien como tú, joven, con ganas de trabajar, con buena presencia... Para la recepción. Tienes que hacer un poco de administración, también. ¿Qué tal de informática? ¿Sabes manejar un ordenador?

Por la noche todos van al concierto: los clientes y los empleados del cámping.

A las 12h, Mario, el cocinero, saca un pastel y todos cantan "Cumpleaños feliz".

Es una fiesta muy divertida: españoles y extranjeros bailan hasta las 4h. Alba le enseña a Jaime a bailar el "pasodoble", Uwe practica su español con Chus, la peluquera, y Eduardo se hace amigo del señor Martínez.

"No todo son problemas", piensa Alba, cuando se va a la cama. "Hay gente estupenda en el cámping."

Algunos, sin embargo, no han ido a la fiesta: la señora Bibiana y su marido han ido a recepción a protestar por el ruido. Pero en recepción hoy no hay nadie. Ibarra, el director, tampoco está en la fiesta de Alba.

Al día siguiente, Ibarra entra en la oficina con una chica. Parece una "Barbie": rubia, alta y delgada, con ropa cara...

–Parece que ayer hubo problemas... –le dice Ibarra a Alba.

–¿Problemas?

–Sí, una señora, la del perrito..., ¿cómo se llama?

–La señora Bibiana.

–Eso. Ha venido a protestar por el ruido.

Sin esperar la respuesta de Alba, Ibarra le da la espalda y entra en su despacho con la chica.

–Lo odio –dice Alba entre dientes.

–¿Quién es? –pregunta Milagros, que está limpiando la recepción. Milagros siempre quiere saber todo lo que pasa en el cámping.

–No sé, ni idea –responde Alba–. Milagros, ¿puedes quedarte aquí, en la recepción, un momento? Yo voy a casa. Tres minutos... ¡Voy a buscar una aspirina! Tomé demasiado cava en mi fiesta... Si viene algún cliente, que espere.

–Tranquila, yo tengo que limpiar todo esto.

Dentro, Ibarra, el director, esta haciendo una entrevista de trabajo a la chica.

–Así que te llamas Lali...

–Un poco.

–Tu padre me ha dicho que eres muy trabajadora. Y muy inteligente. Ya sabes que tu padre y yo somos buenos amigos...

Naturalmente, Eulalia Omedes es la hija de Omedes, el socio de Duque, el constructor. Ibarra quiere tener buenas relaciones con Omedes. Y Omedes quiere información sobre el cámping. Laly de recepcionista en el Cámping Mediterráneo les va muy bien a los dos, aunque no sabe nada del cámping y no habla idiomas.

"Esto es una mujer", piensa Ibarra. "Y no esa..."

"Esa" es Alba. Ibarra es un auténtico "macho hispánico". Para él las mujeres tienen que ser elegantes, dulces y tontas. Y hablar poco. Alba, lógicamente, no es su modelo de mujer.

Ibarra le dice después a Eulalia:

–Además, no es para mucho tiempo... Este verano, solamente. Ya sabes que tu papá y Duque construyen un complejo turístico aquí...

Omedes le ha prometido a Ibarra el cargo de director del complejo. Pero Ibarra tiene que ayudarle en una cosa: hundir el Cámping Mediterráneo y obligar a Gaviria a venderlo. Son los famosos "métodos" de Duque.

Fuera de la oficina, Milagros escucha toda la conversación. "¿Quéeeeeee? ¿Que cierran el cámping?" Milagros no puede creer lo que oye.

Alba entra en la recepción con una caja de aspirinas en la mano. Ve que Milagros tiene una expresión muy rara.

–¿Ha venido algún cliente? –le pregunta–. ¿Te pasa algo, Milagros?

–No, nada, nada... Alba..., ¿te puedo preguntar una cosa?

–Sí, claro. ¿Qué?

–Oye, ¿tú te vas? ¿Has encontrado otro trabajo?

–No, ¿por qué?

–No, por nada...

–Milagros, que te conozco. ¿Por qué me preguntas eso?

Milagros no puede tener secretos y Alba lo sabe.

–Es que... Bueno que... Ibarra ha contratado a una nueva recepcionista.

–¿Quéeeee?

–Sí, esa chica que ha venido.

–¿La "Barbie"? –pregunta Alba.

–No, no se llama Barbi. Se llama Eulalia y es la hija de un constructor de Benisol, de un tal Omedes.

–¿La hija de Omedes...? ¡Es el socio de Duque! Gracias, Milagros, gracias por la información... Es una información muy importante para mí.

Alba sale corriendo. Va en busca de su tío.

Antonio Gaviria no sabe nada de Eulalia Omedes. Ibarra no le ha hablado del tema.

–Tranquila, Alba. Tenemos mucho trabajo. José Luis sabe muy bien lo que hace. Y él es el director...

–Tío, no entienes nada... Esta chica es la hija de Omedes. ¡Es una espía de Duque!

–Niña... Eso son fantasmas...

–¿Fantasmas? Sí, sí... fantasmas.

–¿Qué comemos hoy? –pregunta Martha.

–Espaguetis –responde Jaime.

–¿Otra vez?

–Sí, pero hoy con verduras... La pasta es muy sana.

–Sí, pero engorda.

–No, la pasta no engorda. Engordan las salsas... Y hoy voy a hacer pasta vegetariana; con berenjenas, pimientos, calabacines, tomates, ajo, cebolla, aceitunas... Una receta "mediterránea"... –explica Jaime.

–Mmmmmm.... qué rico –dice Uwe. "Qué rico" es la nueva frase en español de Uwe. Se la ha enseñado Chus, la peluquera.

–¡No, no, no, no...! ¡Hoy no cocinamos! –dice Eduardo.

–¿Por qué?

–Porque mi amigo, Pepe Martínez, nos ha invitado a comer una paella.

–¿El vecino? –pregunta Jaime.

–Sí, el de esa tienda. Son muy simpáticos.

–Nos han invitado a comer... ¿qué? –pregunta Martha.

–Paella. ¿No has comido nunca paella? El plato más típico de la cocina española. Es un plato valenciano pero se come en toda España. Una paella bien hecha es... es... ¡Una obra de arte!

–Sí, lo sé. Pero yo no he comido nunca una buena paella –explica Martha.

–Yo tampoco. ¿Qué es exactamente "una paella bien hecha"? –pregunta Eduardo.

–Es arroz con... Bueno, con muchas cosas. Depende. Hay muchas recetas diferentes. Es un plato muy complicado. Un plato "barroco", como dice Manuel Vicent, que es un escritor valenciano. Hay paella de pescado, paella de carne, paella de caracoles...

–¿De qué? –pregunta Martha horrorizada.

–De caracoles. Está riquísima. La mejor. ¡Mi madre hace unas paellas de caracoles...! –explica Jaime entusiasmado.

–Pues yo no voy –dice Martha–. Si lleva caracoles, yo no voy. Bufff... Qué asco...

–Hay paellas muy especiales: arroz negro, que lleva tinta de sepia, arroz con ancas de rana, arroz con rata de agua,

¿Y la hace él?

–Sí, las paellas, muchas veces, las hacen los hombres.

–Ah, qué bien –dice Martha. La paella ya le parece mejor.

En ese momento pasa Martínez que ha ido a Benisol a comprar al mercado. Trae una cesta con los ingredientes de la paella. Y los enseña a sus nuevos amigos extranjeros:

–Calamares, mejillones, almejas, gambas y cigalas... Y el pescado, para el caldo.

–¿Qué caldo? –pregunta Eduardo–. Yo quiero aprender a hacer paella.

–Pues lo primero: para hacer una buena paella, se hace un caldo de pescado... –explica Martínez.

[illegible]

–No, el arroz se cuece en el caldo. El tiempo de cocción y la cantidad de caldo es lo más importante. Si pones demasiado caldo, no sale bien.

Benisol está en una región donde se hacen muchas paellas. En el Cámping Mediterráneo, Mario, el cocinero, las hace muy buenas. Él dice que es "el rey de la paella". Hoy en el restaurante del cámping también tienen paella, la especialidad de Mario: paella de pollo, conejo y "garrofons", unas judías blancas especiales.

–Yo no hago paellas para turistas –comenta Mario con desprecio–. Yo soy valenciano y hago paella de verdad. Un madrileño como Martínez no sabe nada de paellas...

Martínez todos los veranos, desde hace años, habla durante diez días de su "famosa" paella.

–A mí, la de Mario, no me gusta. Lo siento –dice Martínez muy serio.

Mario critica todos los veranos "las paellas de los turistas" del Sr. Martínez.

* * *

A las 2h Jaime y sus amigos están en la tienda de los Martínez. Pero la paella no está preparada todavía.

–La paella es un plato "colectivo", "social"... –explica Jaime a sus amigos–. Siempre hay que esperar, siempre se come tarde y con mucha hambre.

–¿Te gusta la paella, guapa? –pregunta la abuela de los Martínez a Martha.

–Mmmm... Bueno, no sé... –duda Martha.

La abuela no lo entiende.

–¿Cómo? ¿Cómo que no sabes? Te gusta o no te gusta...

–Es que no he comido nunca... Quiero decir aquí, en España, una paella de verdad.

La pobre abuela está muy sorprendida. No entiende que haya gente en el mundo que no ha comido nunca paella.

–¿Nunca, nunca...? –pregunta otra vez incrédula.

La señora Martínez, Maruja, corta cebollas, pela ajos, ralla tomate...

–¡Bah! Los hombres dicen que ellos hacen la paella pero... –le explica a Martha–. Ellos echan el agua y el arroz. ¡Y luego dicen que la han hecho ellos...!

–Como siempre...

–Cocinar es muy fácil, si alguien te lo prepara todo –añade Maruja Martínez–. Además, luego lo dejan todo sucio por ahí...

Martínez le explica a Eduardo lo que hace.

–¿Ves? Primero echamos los calamares, la sepia, el pollo y el pimiento en el aceite caliente... Aceite de oliva, por supuesto.

–¿Y el tomate?

–No, todavía no. El tomate, luego.

–¿Y las gambas?

–Después, después. Casi al final.

–¿Y cebollas?

–No, yo no pongo cebolla. Hay gente que pone cebolla, pero yo no.

El sofrito huele ya muy bien. Todos tienen un hambre terrible.

Los niños Martínez ponen la mesa y toman el aperitivo: patatas, aceitunas, almendras, chorizo...

–¿Cerveza o vino? –pregunta Maruja a sus invitados.

–Tenéis que probar este vino –dice Martínez a sus nuevos amigos–. Es de nuestro pueblo. Lo hacemos nosotros mismos.

Los Martínez son de un pequeño pueblo de la provincia de Toledo, al sur de Madrid. Tienen todavía la casa de los abuelos, pero viven y trabajan en Madrid.

–La vida en el pueblo es muy dura –explica Martínez a Jaime–. Ya sabes... Tus padres se fueron a Alemania y nosotros, a Madrid. Allí no hay trabajo para todos...

Los fines de semana, la familia Martínez, como muchas

familias de origen rural, va al pueblo. Allí conservan las tradiciones: hacen vino, matan el cerdo y hacen embutidos, tienen un huerto y árboles frutales...

–¡Qué vino tan bueno! –dice Eduardo.

–Fuerte pero muy bueno –añade Jaime.

–Es que es natural –dice la abuela–. No como el del supermercado, que tiene "mucha química".

La abuela Martínez dice que en Madrid todo tiene "mucha química".

Media hora después están todos en el restaurante del cámping. Martínez repite una y otra vez:

–¡La mejor del verano! ¡No! ¡La mejor que he hecho en años...!

Mario, el cocinero, lee la carta.

–Hoy tenemos en el menú del día... Paella, la especialidad de la casa –explica.

Esta vez Mario ha ganado el concurso de paellas del verano.

CAPÍTULO 8

Poco a poco Jaime y Alba se han hecho amigos. Ahora están tomando una cerveza en una terraza en la playa.

Jaime le ha explicado la historia de la paella de Martínez.

–¡Pobre Martínez...! Me lo imagino... –comenta ella muerta de la risa.

Luego Alba se queda callada y seria.

–¿Y tú? ¿Qué tal vas? –le pregunta Jaime.

–Mal, bastante mal...

–¿Por qué?

–No sé: la tesis... Trabajo todas las noches hasta las 2h. Luego me levanto a las 7h. Los problemas del cámping, mis relaciones con el jefe, el director. Ibarra, se llama. Es un imbécil. Además, creo que él... –Alba se calla.

–¿Que él qué...?

–No sé, no tengo pruebas, pero creo que está del lado de Duque, ya sabes, del constructor.

–¿Tú crees? ¡Pero si Ibarra es el director del cámping...!

–Sí, pero... ¿Sabes? Últimamente ha hecho cosas raras. Tiene algún secreto... Y ha contratado una nueva recepcionista.

–¿Y tú?

–No sé. Quiere echarme, supongo. ¿Y sabes quién es la nueva recepcionista?

–No, ¿quién?

–Pues la sobrina de un tal Omedes, un socio de Duque. Va a empezar a trabajar mañana –le explica Alba.

–Qué raro... ¿Y qué dice tu tío?

–¡Ay, mi tío! ¡Es tan buena persona! Dice que yo veo fantasmas, que Ibarra es un muy buen director... No sé qué hacer.

–Tengo una idea –dice Jaime.

–¿Qué idea?

–Tengo un amigo en Madrid, Fernando Valcárcel. Es periodista y le interesan mucho los problemas ecológicos. Además, últimamente, ha hecho periodismo de investigación. Trabaja en la revista *Entrevista*. ¿La conoces?

–Sí, claro.

–Quizá puede venir, investigar y escribir algo en su revista. Seguro que el problema de Benisol le interesa.

–Es una idea genial... Pero, ¿crees que va a venir?

–Sí, creo que sí. Si puede, seguro que viene. ¿Qué hora es? Quizá todavía esté en la oficina. Vamos a llamarle.

* * *

Son las 9h y Jaime llama a Fernando. Pero su amigo no está ni en la oficina ni en casa. En casa tiene el contestador y Jaime deja un mensaje: "Fernando, soy Jaime Stein. Estoy de vacaciones en España. En un pueblo del Levante, en Benisol. No tengo teléfono: estoy en un cámping... Pero necesito urgentemente hablar contigo. Te voy a llamar más tarde, sobre las 10h".

"Quizá esté de viaje, trabajando o de vacaciones", piensa preocupado Jaime.

A las 10h vuelve a llamar. Por suerte, ahora sí está en casa.

–¿Diga? –responde Fernando.

–Fernandito, hombre, ¿qué tal estás?

–¡Jaime! ¿Cómo te va? He oído tu mensaje. Acabo de llegar. ¿Qué haces en España?

–Pues mira, aquí, de vacaciones.

–Pero si a ti no te gusta la playa... ¿Qué haces en Levante?

–Pues no sé, la verdad... Estoy con unos amigos. Bueno, no está tan mal. Es un sitio bonito y bastante tranquilo...

–Oye, ¿nos vamos a ver o qué? Yo empiezo las vacaciones pasado mañana.

–Tengo trabajo para ti.

–¿Qué? ¿Trabajo? Ni hablar. Te digo que pasado mañana empiezo las vacaciones. Hoy es 31 de julio, ¿no? ¡¡Va-ca-cio-nes!!! Que este año he trabajado mucho...

Explícame exactamente dónde está ese maldito pueblo.

–¿En qué vas a venir?

–En moto.

–Perfecto. Mira, esto está a unos 60 kilómetros de Castellón.

–Bueno, lo voy a mirar en un mapa. ¿Me buscas una habitación? Yo, de cámping, nada, ¿eh?

–Claro, te busco una habitación en un hotel. ¿De cuántas estrellas?

–Mínimo cuatro, por favor –responde irónicamente Fernando.

–¿Cuándo vas a llegar? ¿Mañana?

–No, mañana no puedo. Imposible. Tengo que dejar unas cosas terminadas en la revista. Pasado mañana, si salgo de aquí a las 8h o a las 9h, puedo estar en Benisol a la hora de comer. ¿Dónde nos encontramos?

–A ver... Lo más fácil: yo voy ahora a buscarte habitación. Mañana por la tarde te llamo, te digo dónde te vas a alojar y quedamos en tu hotel.

–Perfecto. Hasta mañana.

uno, cuatro, ocho, cinco, seis.

–Hotel Panorama, dígame.

–Sí, mira... Soy Alba Gaviria, del Cámping Mediterráneo.

–Hola, Alba. Soy Silvia.

–Ah, hola, Silvia, qué tal. No te había reconocido. Quisiera reservar una habitación para un amigo. ¿Tenéis habitaciones libres?

–¿Qué días?

–A partir de mañana. Llega al mediodía.

–Huy, no, lo tengo fatal. Está todo completo. Hasta el día 22 de agosto no tengo nada... Nada de nada. Ni una habitación. Lo siento mucho, chica.

–Bueno, no te preocupes. Oye, ¿qué tal está el Hotel Bahía?

–Dicen que está bien. No es un hotel de lujo, es un tres estrellas, pero no está mal. Tiene piscina y jardín. ¿Tienes el número de teléfono?

–Sí, por aquí lo tengo. Voy a llamar.

–También puedes preguntar en el Hotel Malibú. Es más caro pero está muy bien.

* * *

Alba llama a cinco hoteles. En agosto todo está completo en Benisol. Finalmente, en el Hostal Rosita, tienen una habitación para Fernando. Es una pensión muy barata en una calle ruidosa del centro de Benisol. La misma Rosita, la propietaria, atiende en la recepción.

–Sí, sí, tenemos una habitación –dice Rosita al teléfono–. Pero no tiene baño.

–No importa, me la reserva –Alba ya está un poco desesperada.

–La pensión completa cuesta 14 euros al día por persona –explica Rosita.

–Sólo queremos la habitación. Sin comidas.

–Ah, no. Solo tenemos pensión completa.

–Bueno, pues pensión completa, de acuerdo.

–¿A qué nombre hago la reserva?

–Fernando Valcárcel.

–Vale. Tomo nota, Fernando Valcárcel. ¿Para cuántos días?

–Todavía no lo sé. Una semana o algo así.

Alba cuelga el teléfono y dice:

–¡Por fin! ¡Tenemos una habitación para tu amigo en el Hostal Rosita! Pero no sé si le va a gustar mucho. El Hostal Rosita no es el Hotel Palace. Y está al lado de una discoteca.

–No importa –dice Jaime.

–Yo mañana por la tarde he quedado con Vicente Gil –explica Alba–. Es el alcalde. Es un hombre muy honesto. Quiero hablar de todo esto con él.

–Fenomenal. ¿A qué hora?

–A las ocho.

–Así que mañana no vas a correr.

–No. Tengo que hablar con Gil. Todavía podemos salvar Benisol.

–Sí, no es demasiado tarde.

–Hoy mi tío ha recibido un nuevo anónimo.

–¿Otro? ¿Y qué dice?

–Mira –dice Alba enseñándole una nota.

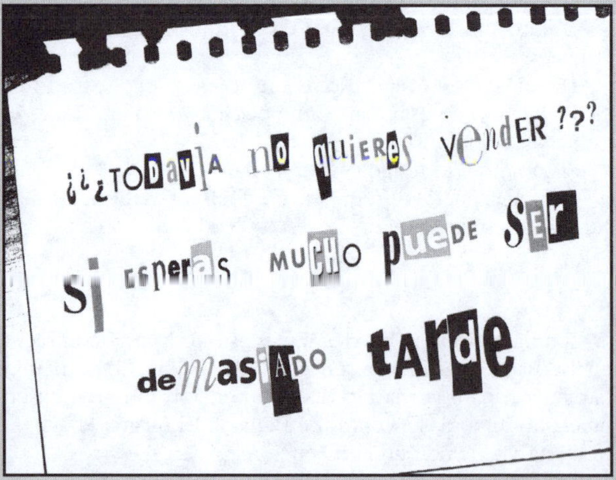

–¿Y qué dice tu tío? –pregunta Jaime.

–Está muy preocupado pero no hace nada. Y no quiere hacer nada. ¿A qué hora nos vemos mañana? Tengo ganas de conocer a tu amigo el periodista.

–Pues después de tu cita con el alcalde.

–Muy bien. Pero no aquí en el cámping. Mejor en el pueblo. Hay que ser discretos.

–¿Dónde?

–Hay un bar en el Paseo del Mar, que se llama "Paquito". Podemos tomar algo allí. Hacen un pescadito frito buenísimo. El mejor de la zona. ¡Y unos calamares...!

–Pues mañana a las 10h en "Paquito".

–O.K.

Los dos empiezan a hablar como en una película policíaca.

* * *

Cuando Jaime se va, Ibarra sale de su despacho.

–Ah, estás ahí... –dice Alba sorprendida.

–Sí, claro, en mi despacho. Veo que tienes buenos amigos entre los clientes...

–Sí –responde secamente Alba. Lo que significa "a ti qué te importa"–. Voy a Correos y al banco –añade, y se va.

"No lo soporto", piensa.

Después, Ibarra llama por teléfono.

–El Sr. Duque, por favor.

–Está reunido. ¿De parte de quién? –contesta una secretaria.

–De José Luis Ibarra.

–Espere un momento, a ver si le puedo pasar.

Luego se oye la voz de Duque.

–Hombre, José Luis, ¿cómo te va?

–Creo que vamos a tener problemas.

–¿Problemas? ¿Qué problemas?

–La "niña" esta, la sobrina de Gaviria... Tiene una cita con el alcalde, y espera a un periodista de Madrid...

–Ah, ¿sí?

pendientes. Querían luchar contra la especulación. Y... ¡sorpresa!: ganaron las elecciones. Ahora Vicente es el alcalde de Benisol. No es brillante pero es eficaz. Es un alcalde trabajador y honesto. Y eso que no es fácil en un pueblo turístico, donde siempre han mandado personajes como Duque. Naturalmente, a Gil no le quieren mucho algunos en Benisol. Duque, por ejemplo.

Gil va cada día a trabajar en bicicleta y escribe poemas. Duque va diciendo por ahí que es un loco, que Benisol puede ser más grande que Benidorm, y que así habría trabajo para todos.

–¿Qué tal, Alba? Te veo muy bien... –dice Vicente al verla entrar.

–Pues no estoy tan bien.

–¿Qué pasa?

–Tengo un problema gordo.

–¿Tú también? Yo tengo varios "problemas gordos" –dice él riendo.

Y es verdad: Gil tiene bastantes problemas. Benisol ha crecido mucho en los últimos años. Tiene 4.800 habitantes y faltan servicios. Se necesitan más zonas verdes, más plazas de guardería y más semáforos. En invierno, cuando no hay turistas, el índice de paro es muy alto. Este verano, la delincuencia ha aumentado mucho, por culpa de las drogas.

– Duque y compañía han presentado un proyecto y han pedido permisos de construcción. Nuestros técnicos lo están estudiando.

–¿Estudiando? Es una locura, una barbaridad... ¡Van a destruir Benisol!

–Sí, Alba, ya sé que es muy grave. Pero no es tan fácil: hay unos planes urbanos, hay unas leyes... Según el plan urbano actual, parece que necesitan más espacio. Les faltan algunas hectáreas. Además, está el tema ecológico... Pero como tienen mucho dinero para invertir...

–Les hace falta el Cámping Mediterráneo.

–Sí, claro. Ellos dicen que se lo vais a vender. ¿Es verdad? Dicen que estáis negociando...

–¿Negociando? ¡Qué va! Nos están amenazando. Y no sabemos qué hacer. Por eso quería hablar contigo.

–Pues si hay amenazas, hay que hablar con la policía –dice Gil–. Y con el juez.

–¿Con la policía? –pregunta Alba–¿Con Gomis? ¿Confías en él?

Gomis es el comisario de policía de Benisol. A Alba no le gusta mucho.

–No es mala persona –comenta Vicente–. Es un poco antipático, un poco bruto...

–¿No le pueden comprar Duque y los otros? ¡Son auténticos mafiosos!

–Sí, lo sé... Pero no. Gomis es un hombre recto. No se deja comprar. Si quieres, yo hablo con él. Pero antes explícame exactamente qué pasa...

Alba le explica a Vicente Gil toda la historia: la negativa de su tío a vender el cámping, las cartas anónimas, la contratación de la nueva recepcionista, el papel ambiguo de Ibarra y la llegada del periodista de Madrid.

Alba sale del Ayuntamiento más animada y más tranquila. Parece que su amigo Gil no quiere el proyecto de Duque para Benisol y está intentando pararlo. Por otra parte, Alba y el alcalde han decidido ponerse en contacto con Gomis, el comisario de policía, y denunciar las amenazas de Duque y sus compinches. "Hay que ser optimista", piensa.

Empieza a andar hacia el puerto. Allí, en "Paquito", la esperan Jaime y su amigo, el periodista de Madrid, Fernando Valcárcel. Un artículo en una revista nacional como *Entrevista* puede ser importante y suponer el empuje definitivo para salvar la costa de Benisol.

CAPÍTULO 10

Fernando llega a Benisol a las 15h. Jaime le espera en el Hostal Rosita.

–Lo siento, no hay ni una habitación libre en todo Benisol. Solo he encontrado esto. Si quieres venir con nosotros al cámping... En la autocaravana hay una cama libre...

–No, no, voy a estar bien aquí –dice Fernando muy diplomático.

Dejan la bolsa de viaje en el hostal y van al cámping.

Los amigos de Jaime están sentados delante de la tienda de campaña. Jaime les presenta a su viejo amigo Fernando.

–Este es Fernando –dice Jaime.

–Hola, ¿qué tal? Jaime nos ha hablado mucho de ti.

–Hola, ¿qué tal?

–¿Queréis tomar algo? –pregunta Martha–. ¿Una cerveza?

–Bueno, pero pequeña, ¿eh? –acepta Fernando–. Con este calor...

–¿Qué tal el viaje? –pregunta Eduardo.

–Bien, muy bien, sin problema. No había mucho tráfico. Y, además, en moto es muy agradable.

En ese momento pasa por ahí Martínez, el vecino.

–¿Qué tal? ¿Cómo vamos? –dice.

–Hola, Martínez, ¿qué tal? Mira, te presento a un amigo de Madrid, Fernando.

–Hombre, madrileño, como nosotros...

Martínez siempre tiene ganas de hablar. Martha dice que les visita para descansar de su familia. De la abuela y de los cuatro niños.

–¿Una cerveza fresquita, Martínez? –le ofrece Eduardo.

Martínez la acepta rápidamente y se sienta.

Jaime se pone un poco nervioso. Quiere explicar el problema de Alba a Fernando. Pero Fernando está feliz con sus nuevos amigos y su cerveza.

Es casi de noche y hace un poco de viento. Un viento fresco y agradable, que huele a mar. Alba entra en una calle estrecha del barrio viejo, la calle Mistral. Es una calle en la que no hay muchas tiendas y no pasa mucha gente. De pronto, del portal del número 17, salen dos hombres. Tienen un aspecto muy peligroso y uno tiene, además, cara de boxeador. Alba no tiene tiempo de ver nada más. En la espalda siente algo duro y frío. "Una pistola", piensa. Nunca ha tenido una pistola en la espalda pero lo ha visto en las películas.

–Quieta y callada –dice el de cara de boxeador, que la coge fuerte del brazo.

"Estos trabajan para Duque", piensa Alba muerta de miedo.

Muy deprisa, la llevan al puerto y la meten en un coche deportivo amarillo. Después, nota un pequeño pinchazo en el brazo. "Me están drogando", piensa. Luego, siente una terrible sensación de sueño. Ya no tiene miedo. Solo quiere una cosa: dormir.

El coche con los dos hombres y Alba dormida se pone en marcha. Pasa por el Paseo del Mar, y por delante de "Paquito", el bar en el que Jaime y Fernando esperan a Alba. Luego, giran a la derecha, siguen de frente hasta el final, por una avenida. Giran otra vez y entran en la calle Manuel de Falla. Allí, delante del número 67, el coche deportivo amarillo se para. Uno de los hombres baja y abre la puerta de un garage. El otro entra llevando a Alba en brazos. Luego, la calle se queda en silencio. Solo pasa una señora mayor, una viejecita. Pero Alba no ve nada. Está durmiendo como un bebé.

La viejecita es la abuela de los Martínez.

–No como las de los restaurantes –añade Martínez.

Fernando mira extrañado a Martínez, que se ha puesto de pronto muy triste, y a Martha, que casi no puede controlar la risa.

Luego, aparecen Sófocles y Sócrates. El gato y el perro se han hecho muy amigos y son inseparables.

Martínez les mira con odio pero no dice nada.

* * *

Toman dos cervezas más y esperan. Jaime está ya un poco nervioso.

A las 11h empieza a pensar que ha pasado algo.

–No puede ser. Es una chica muy seria, muy formal. Nunca llega tarde –le explica a Fernando–.Vamos al cámping. A lo mejor nos hemos entendido mal –propone luego.

CAPÍTULO 11

A las 11.20h Fernando y Jaime salen hacia el cámping en la moto de Fernando.

Primero, Fernando va al bar. Allí habla con Mario, con Manolo y con Concha.

–No, Alba no ha venido por aquí. No la hemos visto... –explica Concha.

–A mí me ha dicho que tenía cosas que hacer en el pueblo, en Benisol –añade Manolo.

–Mario, ¿tú has visto a Alba? –pregunta Concha al cocinero, que sale de la cocina.

–No, no la he visto. ¡Si no he salido de la cocina en todo el santo día...! ¿Por qué?

Luego la buscan en la recepción. Ibarra ya se ha ido. En la oficina solo está Milagros, la señora de la limpieza.

–¿Alba? No, no, por aquí no ha venido –explica ella–. ¿Pasa algo? –pregunta.

–No, no, nada. Quería hablar con ella –miente Jaime.

Preguntan también a Enriqueta, la de la tienda, a Chus y a Tere, las peluqueras, a "Chapuzas"... Pero nadie la ha visto.

Finalmente, van a casa de Antonio Gaviria, el tío de Alba.

–Antes de salir, me ha dicho que tenía una cita con un amigo y con un periodista –explica el tío.

–Sí, con nosotros...

–¡Esta chica! Siempre se busca problemas... ¿Dónde estará? –suspira Gaviria, preocupado.

* * *

A las 12h Jaime y Fernando salen de casa de Gaviria.

–¿Qué hacemos? –pregunta Fernando.

–No sé... Esperar un poco. Vamos a nuestra caravana y tomamos algo –propone Jaime.

Pasan por delante de las tiendas de la familia Martínez.

–Buenas noches –les saludan los Martínez.

–Oiga, joven... ¿Ya está mejor su amiga? –pregunta de pronto la abuela Martínez.

Jaime no entiende la pregunta.

–¿Cómo dice? –pregunta sorprendido.

–Qué cómo está su amiga –vuelve a decir la abuela–. Alba se llama, ¿no? Es que esta tarde no estaba muy bien, creo.

–¿Cómo? ¿Por qué lo dice, abuela? –pregunta Jaime nervioso–. ¿Qué ha visto? Cuéntenos...

–No, pues nada... Esta tarde he ido al pueblo con mis hijos.

–Sí, hemos ido de compras –explica la señora Martínez.

–Y hemos dado una vuelta por el pueblo –añade la hija.

–Y nos hemos comido un helado –dice el pequeño.

–Y la abuela se ha perdido –explica otro de los niños.

–¡Niños, dejad hablar a la abuela! Siga explicando, abuela –dice Martínez, impaciente.

Todos sospechan que la abuela va a explicar algo importante. Todos callan y la escuchan.

–Pues iba yo con mis hijos paseando tranquilamente... Y, de pronto, se han perdido... Eran las nueve y media o algo así...

–Se ha perdido usted, abuela –dice Maruja.

–Bueno, no importa –sigue la abuela–. Entonces, estaba yo buscándoles y he seguido por una calle. ¿Cómo se llamaba esa calle...? Era el nombre de un músico... ¿Verdi? ¿Bethoven? No... Déjame pensar... Era un músico español...

–Iba usted por una calle, ¿y qué? –pregunta Jaime impaciente.

–Iba yo paseando, mirando... Y de pronto, se ha parado un coche. Un coche amarillo, de esos que van muy rápido y que solo tienen dos asientos...

–Un deportivo –dice la niña.

–Eso –confirma la abuela–. Y del coche ha bajado un hombre. Muy feo, muy feo, feísimo... Alto y feo. Yo he pensado: "Igual de feo que el tío Ramiro el de Villaendrina". Se parecía a...

–Siga, abuela –insiste Martínez.

–Bueno... Pues, luego ha bajado otro hombre. Este no era tan feo como el otro...

–¿Y...? –todos le piden que continúe su historia.

–No había nadie en la calle. Bueno, solo yo, que pasaba por allí. Y los hombres del coche, claro –explica la anciana.

Todos la escuchan en silencio.

–Entonces uno de ellos, el feo, ha sacado en brazos a una chica. La chica estaba enferma, creo yo. O estaba dormida, no sé... Yo la he visto y de pronto digo: "¡Anda, pero si es Alba, la del cámping! ¿Qué le debe pasar?" Pero no les he dicho nada. La cuidaban los dos hombres muy bien. Han entrado en un edificio y yo he seguido buscando a mi familia. Los he encontrado comiendo unos helados en una heladería, tan felices...

–¡Abuela, por favor! Pero... ¿por qué no nos lo ha explicado antes todo esto? –dice enfadada con su suegra la señora Martínez.

–¿Por qué? ¿Pasa algo? ¿Es importante?

* * *

En unos minutos todo el cámping sabe que pasa algo grave, que Alba está en peligro. "Han secuestrado a Alba" es la frase que se repite entre empleados y clientes.

Gaviria llama a Vicente Gil, el alcalde, y a Gomis, el comisario de policía. Pero Fernando, Jaime y los demás actúan más rápido que la policía...

–Abuela, ¿ha montado usted en moto alguna vez? –le pregunta Fernando a la abuela Martínez.

–Claro. Mi marido tenía una moto cuando éramos novios.

–Pues, suba. Vamos a buscar esa calle. Jaime, ¿tú vienes en coche con Martínez?

–Yo también voy –dice Chapuzas.

–Y yo –añade Mario, el cocinero.

Todos en el cámping quieren buscar a Alba.

Incluso los Jensen, en sus bicicletas, salen hacia el pueblo.

Uwe sube al coche de Chus. Con ellos van Sócrates y Sófocles. Salen, a toda velocidad, detrás de la moto de Fernando, hacia Benisol.

* * *

Mientras, en la calle Manuel de Falla, Alba empieza a despertarse. Le duele la cabeza y no sabe dónde está.

–¿Qué pasa? ¿Dónde estoy? ¿Quiénes sois vosotros? –pregunta confusa.

–Tranquila, guapa. No pasa nada. Solo has dormido una pequeña siesta –dice el feo y ríe su propio chiste.

El feo es "El Ardilla", un conocido "gorila" de Benisol. Trabaja en la entrada de la discoteca "Galaxia", la más importante del pueblo. La discoteca es uno de los negocios de Duque.

–¿Qué queréis de mí? –pregunta Alba.

–De ti nada, monada –responde el otro hombre.

–Solo queremos darle un pequeño mensaje a tu tío querido –dice "El Ardilla".

–Hay un señor que quiere decirle una cosa: que ese cámping no es un buen negocio, que es un negocio demasiado peligroso... ¡Hay negocios mucho mejores! Nuestro jefe sabe mucho de negocios.

–Y ahora quédate aquí tranquilita, nosotros vamos a volver mañana por la mañana... Ah, no vive nadie en este edificio. Así que no vale la pena gritar –dice el feo.

Salen y cierran la puerta con llave.

Alba empieza a llorar. Tiene hambre y sed, y le duele una rodilla. Tiene sangre en la pierna. Seguramente se ha caído durante el secuestro.

* * *

Mientras, una abuela y un joven periodista dan vueltas en moto por Benisol.

–¿Es esta calle, abuela? –pregunta Fernando por décima vez.

–A ver... No, me parece que no. La calle esa era más estrecha. Y no tenía árboles. Ni tanta luz.

Todo el grupo de amigos han decidido registrar todo Benisol, hasta encontrar a Alba.

Preguntan en los bares, en las tiendas. Pero nada, ni rastro. Nadie ha visto a Alba. Solo la abuela Martínez y sus secuestradores.

–¿Qué hora es? –pregunta Fernando cuando se encuenta con Jaime y Martínez.

–Las 2h –dice Jaime.

–¿Qué hacemos? ¿Seguimos?

–Yo sí. Esa gente es muy peligrosa.

–Sí, ya lo veo –confirma Fernando.

–Y tú vas a tener un buen artículo para tu revista, una buena exclusiva –dice Jaime con tristeza.

–Venga, ánimo, Jaime. La vamos a encontrar –le dice Fernando le conoce bien y adivina los sentimientos de su amigo–. Te gusta mucho esa chica, ¿verdad? –le pregunta.

–Sí, creo que sí –confiesa Jaime–. Es una mujer especial. Últimamente estaba un poco deprimido, ¿sabes? [illegible]. Pero desde el día en que la conocí...

–Dios mío, ¡qué mala suerte!: una vez que Jaime se enamora y nos secuestran a la chica –dice Fernando tratando de quitar dramatismo a la situación.

* * *

De pronto, Sócrates, el nuevo perro de Uwe, entra corriendo en la pequeña y oscura calle donde están Jaime y Fernando. Detrás van Sófocles, Uwe y Chus.

–¡Sócrates! ¿A dónde vas? –grita Chus.

Sócrates se para delante de una puerta. Empieza a olerlo todo y a ladrar muy fuerte. Guau, guau, guau... No para de ladrar delante del número 67, un edificio gris de tres plantas, que parece abandonado.

–¿Cómo se llama esta calle? –pregunta Fernando.

–Manuel de Falla –explica Chus.

–¡Un músico español! –gritan Fernando y Eduardo al mismo tiempo.

–¡Sócrates la ha olido!

–¡Alba está ahí dentro! ¡Hay que abrir esa puerta! ¡Albaaaaa! –grita angustiado Jaime.

–Mira, hay sangre en el suelo –dice Chus–. Puede estar herida.

–Pues esta calle no me suena nada –dice la abuela Martínez–. ¡Esta cabeza mía...!

La policía llega enseguida y no es difícil tirar la puerta. También viene en unos minutos una ambulancia. Pero Alba está bien, asustada pero bien. Solo tiene una pequeña herida en la rodilla.

Poco a poco, delante del número 67, se reúne mucha gente: están todos los compañeros del cámping, algunos clientes como los Jensen, Gil, el alcalde...

Alba tiene que acompañar a Gomis, el comisario de policía.

* * *

Al día siguiente todos están ya más tranquilos.

–La policía ha detenido esta madrugada a "El Ardilla", en la discoteca –explica Alba a Fernando y a Jaime–. Además, hay muchas pruebas contra Duque. Dice Gomis que se puede demostrar que él está detrás de todo.

–Esperemos –dice Antonio Gaviria.

ab
Do

–Y ahora, lo siento, pero yo he venido a trabajar –dice Fernando sacando un pequeño "walkman".

–Oh, no...

–¡Esto va a ser una artículo impresionante! Explíquenos, ¿cómo empezó todo? –le pregunta Fernando a Gaviria con voz de locutor de la televisión.

Todo el mundo, con el secuestro de Alba, conoce ya los planes de Duque: la construcción del nuevo complejo turístico en los terrenos del cámping. También saben de los problemas del Ayuntamiento para impedirlo. En el bar del cámping, se reúnen unas 60 personas.

Enriqueta, la del supermercado, se ha convertido en el líder de la movilización:

–Hay que hacer algo. ¡Esto no puede ser! –grita Enriqueta a los reunidos–. ¡Tenemos que luchar y defender el cámping!

–Sí, señor, bien dicho –grita Martínez, que está en primera fila.

Hasta la señora Bibiana y su marido participan.

–Podemos escribir a todos los periódicos y hablar con las cadenas de televisión –propone un cliente.

–Eso, eso... ¡Publicidad! ¡Todo el mundo tiene que saber qué pasa en Benisol! –dice Mario, el cocinero.

–¡Abajo la especulación capitalista! –grita de pronto la abuela Martínez– Es que mi padre era anarquista, cuando la guerra, ¿sabe usted? –le explica a un señor que está a su lado.

Al final, después de mucha discusión, deciden organizar una manifestación, en defensa de la conservación de la costa de Benisol.

Al día siguiente, Jaime va a buscar a Alba a la recepción.

–Esto no ha terminado –dice Alba–. Van a intentarlo otra vez, dentro de un tiempo. Esta gente es muy peligrosa. Solo les interesa ganar dinero rápido.

–Sí, pero de momento... La gente de Benisol está informada. Van a luchar.

–Eso espero. Quizá podamos estar un tiempo tranquilos. ¿Vienes a la playa a dar un paseo? Hace mucho calor, ¿no?

–¿Y tu tesis?

–Después. Necesito descansar un poco.

–Sí, han sido unos días muy intensos... –responde Jaime pensando en sus propios sentimientos.

–Muy intensos –dice Alba con una sonrisa cómplice.

–¡Qué romántico! –dice Chus, la peluquera, que los ve pasar–. No hay nada como el amor. ¿Verdad, Uwe?